利害

THE LEADER'S GUIDE TO
PRESENTING

你只有一次机会征服他人

[英]汤姆·伯德 [英]杰里米·卡塞尔◎著
Tom Bird & Jeremy Cassell

许一多◎译

演讲

湖南文艺出版社
HUNAN LITERATURE AND ART PUBLISHING HOUSE

博集天卷
CS-BOOKY

著作权合同登记号：图字 18-2021-168

图书在版编目（CIP）数据

利害演讲 /（英）汤姆·伯德（Tom Bird），（英）杰里米·卡塞尔（Jeremy Cassell）著；许一多译. -- 长沙：湖南文艺出版社，2021.10
书名原文：The Leader's Guide to Presenting
ISBN 978-7-5726-0367-9

Ⅰ.①利… Ⅱ.①汤… ②杰… ③许… Ⅲ.①演讲—语言艺术 Ⅳ.①H019

中国版本图书馆 CIP 数据核字（2021）第 180454 号

上架建议：成功·演讲

LIHAI YANJIANG
利害演讲

作　　者	：[英] 汤姆·伯德（Tom Bird）
	[英] 杰里米·卡塞尔（Jeremy Cassell）
译　　者	：许一多
出 版 人	：曾赛丰
责任编辑	：刘雪琳
出　　版	：湖南文艺出版社
	（长沙市雨花区东二环一段 508 号　邮编：410014）
网　　址	：www.hnwy.net
印　　刷	：三河市中晟雅豪印务有限公司
经　　销	：新华书店
开　　本	：875mm×1230mm　1/32
字　　数	：183 千字
印　　张	：7
版　　次	：2021 年 10 月第 1 版
印　　次	：2021 年 10 月第 1 次印刷
书　　号	：ISBN 978-7-5726-0367-9
定　　价	：48.00 元

若有质量问题，请致电质量监督电话：010-59096394
团购电话：010-59320018

《利害演讲》所获赞誉

对为高利害性环境下的演讲做准备的国际商业领袖而言，这是一本不可替代的指南，可以很好地帮助我们塑造演讲的结构与立意，以实现正向的成果。在思考如何给受众传达具有参与感和吸引力的内容时，这本书给了我弥足珍贵的帮助，为演讲打出了制胜一击！着实精彩！

格雷厄姆·伍尔福德博士，联合健康集团运营总监

从 1999 年开始，我就致力于培训企业管理者包括演讲在内的一系列技巧，杰里米和汤姆的书确实让我眼前一亮。这本书为企业领袖们提供了细致、实用、简单的方法，让他们能更好地应对不同类型的受众。我在阅读过程中受益良多。

杰里米·拉扎勒斯，拉扎勒斯咨询公司总监

这本书将关键知识点都具体化了，让每位管理者都能进入演讲者的角色，并在面对不同受众时表现出多样性。在阅读时，你可以选择随便翻翻或是从头读到尾，不管哪种方式我都保证你能找到不少灵感、工具和问题，它们将提升你演讲的技巧，能够真实地、积极地影响你的世界。

约翰·马特森，亚瑟考克斯律所合伙人、莱克斯芒迪法律联盟主席

演讲时，我们不仅是在展示材料，也是在展示我们自己。这本书的作者用简单而实践性强的练习，帮助演讲者学会在受众面前更好地表现自己。在重要的演讲场合中，演讲者往往要先赢得受众的心，才有机会用翔实的信息赢得他们的大脑。如果要实现这样的目标，这本书会是一部很棒的循序渐进的入门书。读罢，我只希望下次遇见的演讲者也已看过本书。

保罗·马修斯，人力点金公司创始人、总经理

对于任何希望自己的演讲能产生真实影响的管理者而言，这都是一本必要性和实践性非常强的工具书。

彭妮·肖，乔叟保险集团首席风险官

这是我涉猎过的所有关于演讲艺术的书里最有效的一本，尤其是对于管理者而言。书中面面俱到地解析了如何通过成效显著的演讲，来实现公司内部的变革与激励，对其他团队也是如此。无论是方法还是路径，都是令人信服、极富趣味且有开拓性的。我已经实践了书里的方法，并获得了不错的成效，所以很乐意将这本书推荐给每一位雄心勃勃的管理者和演讲者——这会是你们在该领域唯一需要的书。预计在接下来的几年里，该书会成为这一领域的权威之作。

阿德里安·福斯特，派克汉尼汾公司英国市场主管

我平时要给不少企业管理者培训演讲技巧。一旦他们读过这本书，就会发现自己很难再出现差劲的演讲。很多管理人士在面对演讲需注意的各类因素时，都会感到畏惧，哪怕他们清楚地知道，现如今赢得听众的心和大脑有多重要。我曾经亲身体会过作者们令人眼前一亮的

培训，而现在，他们写作了这本书，用法医解剖般的缜密思路来解析管理者必须面对的课题。应该说，这是一本在正确的时刻出现的正确著作。这本书既大胆又合理，既深刻又实用，而且可以应用在需要提升自己的沟通技巧的不同情境中。

尼尔·穆拉奇，英国知名即兴演讲家、领导力培训师

两位作者与我司英国及国际板块的多位管理人员，都进行过卓有成效的合作。人们都知道，没有做好准备，就要准备好失败。但这本书会告诉你，究竟要如何预先准备。两位作者的广博才艺与精深技巧都通过本书展现了出来，它会教你形成独有的演讲风格，达到最佳的影响力。总之，这本书能辅助你成为更彻底、更吸引人的演讲者。我在自己的工作岗位上也将使用到它！

保罗·罗林森，贝克·麦坚时国际律所全球主席

关于作者

汤姆·伯德身兼培训师、演讲家及表达指导等多个角色，专注于高利害性环境演讲技巧、影响力、销售及商业拓展技巧等领域。在2001年，汤姆结束了在软件领域的长达12年的管理生涯，开始与世界各地大量的专业服务机构合作，帮助提高其管理层的职业表现，其中包括不少富时指数企业和专业服务机构。汤姆同时也是莫勒专业服务机构的创始合伙人，拥有朴次茅斯大学培训与发展专业的博士学位以及金斯顿大学商学院的商科与财务资质，他是自然语言处理领域高级从业人员。

杰里米·卡塞尔是教练、培训师以及专题演讲家，他与大量国际企业及专业服务机构保持着合作关系。杰里米毕业于英语文学专业，在2000年创立绩效改进咨询机构之前，他先后作为讲师、销售以及培训经理供职于欧莱雅和百事。杰里米目前是莫勒专业服务机构的合伙人，致力于提升高级管理人员的影响、销售以及演讲能力。

汤姆和杰里米作为共同作者，已经出版了4本商业书，包括《金融时报的商业培训指南》（*The FT Guide to Business Training*）以及畅销书《完美销售》（*Brilliant Selling*）等。

致　谢

诚挚感谢下列作者或机构授权我们使用相关版权资料：

第9页的示意图经由莫勒专业服务机构的合伙人德斯·伍兹提供；第102页的示意图经西蒙与舒斯特公司旗下伯纳出版社允许，摘自伊丽莎白·库布勒–罗斯博士1969年的著作《论死亡与临终》，版权属于伊丽莎白·库布勒–罗斯，已于1997年更新版权。以上，版权所有。

第三章

Chapter Three

构架内容

第四章

Chapter Four

传达最佳效果

第五章

Chapter Five

给领导者——影响力极大的特定演讲场合

第六章

Chapter Six

通向演讲成功之路

前言

要在商业世界里取得成功，高利害性环境中的演讲能力往往扮演着重要角色。

不论你的具体职责是什么，只要是作为管理者，就会面临以演讲的方式下达决策、提振士气和赢取信任的时刻。在这些情境中，演讲的成效与商业目标的实现往往是密不可分的——这就叫作高利害性环境。

关于本书

市面上关于演讲技巧的书不计其数，但你选择了这一本。在如何设计、传达和完成高利害性演讲这个议题上，如果你希望得到一本无所不包的综合性指南，那这本书就是正确的选择。另外，要是因为管理者的职位要求，你经常需要在演讲中传达特定的信息，那么本书也是正确的选择。最后，如果你正在苦苦寻觅实用的小贴士与工具，来不断提高演讲水平，那么本书仍然是正确的选择。

写下此书，是因为我们经常与像你一样的人合作，支持和帮助他们完成高利害性环境中的演讲。我们既进行团体培训，让大家学会如何有效地演讲，也在面临高利害性演讲环境的情况下，给予高层管理人士指导。包括欧洲、中东、亚洲和北美在内，我们服务过的客户来自世界各地。在工作过程中，不论对象是团队还是个人，我们都清楚地看到了一些共性问题。有16年来跟数千人合作的案例在前，这本书的实用性又上了一个台阶。此外，我们对于高效演讲者的研究和其他人在该领域的研究成果，也为我们的方法论做出了贡献。

你也许会发现，自己与以下描述相符：

◆ 企业中的经理岗位，负责一个团队，需要实现具体的KPI（关键绩效指标）或其他成果。

◆ 部门负责人，既需要与其他部门领导打交道，又要更好地管理自己部门的员工。

◆ 承担执行责任的董事会成员，可能是在一家大型企业里。

◆ 需要鼓动和影响一众股东的创业者。

◆ 正确认识到高效演讲对于塑造影响力之重要性的人。

演讲到底是什么？"高利害性"又从何而来？

对于一本聚焦演讲主题的书而言，我们至少要给出"演讲"的定义，以及"高利害性"演讲的构成因素，为整本书定下基调。

我们认为，演讲意味着当焦点集中在你身上时，你要正式或非正式地向一群人传达信息，实现告知某些内容的目的，激发受众的行动和参与感，说服他们，并调动其积极性。

高利害性演讲，锁定正面成果是至关重要的（而非仅仅是乐见其成的）。这种情况可能不是每天或者每个月都发生。一旦发生，机会就藏匿于这次演讲的结果当中。

例如：

◆ 与个人声誉及品牌信誉紧紧挂钩的大型会场演讲。

◆ 希望提案得到支持的董事会演讲，如果表现不好，连个人声誉也会受到损害。

◆ 为了一份重要的合同或者项目，代表个人或团队提交提案。

◆ 面临企业变革时，向团队寻求承诺与信任。

◆ 为某件极具战略重要性的事情寻求融资或支持。

◆ 对团队进行年度商业计划演讲，并希望获得他们的支持和承诺。

除此之外，你应该也能想到不少切身体会过的案例。

我们的方法是什么？本书包括哪些内容？

如果仅仅是围绕设计和传达高效演讲列举出最佳案例，那么可以简单地写一本薄薄的书。但我们坚信，企业领袖在高利害性环境下的演讲，要求表现得不只是良好而已。尽管设计和传达演讲本身的确重要，但倘若要在看起来真诚可靠的同时，取得卓有成效的结果，就有更多其他的因素要注意。

以下这张图是高利害性演讲的四层模型，把我们的方法和理念都具象化了：

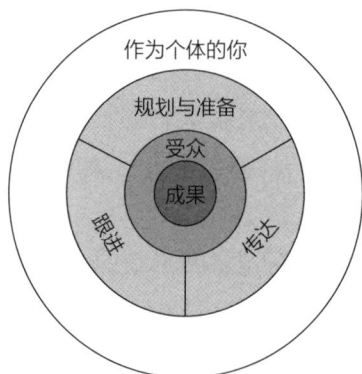

高利害性演讲的四层模型

成果

该模型的核心就是成果。所有高利害性演讲都是围绕某个特定的目标成果来打造的，这是你演讲的原因，也是整个过程的起始点。本书会帮助你思考自己的期望成果，并确保它们是可实现的。

受众

当你想携同或通过受众实现某个成果时，他们的表述、反应和感受都会产生影响，所以我们要更加细心地考虑受众。本书将明确地告诉你如何更好地满足受众需求，以便使演讲离期望成果更近一步。

执行层面——规划与准备、传达及跟进

想让演讲实现最理想的成果，要关注三个主要因素：规划与准

备、演讲传达，以及事后跟进。我们在这本书里总结了很多非常实用的小贴士和技巧，帮助你更好地聚焦这三大要素。

作为个体的你

抛开规划与准备、传达和跟进这些因素不谈，你如何看待自己的目标成果及受众？这与你作为一个独立个体的价值观、技能、意识与变通能力是息息相关的。个人的性格、偏好与习惯会反映在思考之中，所以本书的很多板块也要求你在这些因素之上建立更强的个人意识。

这本书与你的演讲

我们特意把这本书打造成一本实用手册，是希望不论何时何地，当读者需要登台演讲或是思考某场演讲时，它能成为切实可用的资源。你既可以从头到尾地阅读本书，也能在需要的时候直奔某个主题。我们把它按照逻辑结构来划分架构，以便不论是刚开始策划高利害性演讲，还是需要设计规划小贴士的读者，都能找到自己所需要的内容。

不只如此，我们还为最新的资源和创意建立了免费网站（www. theleadersguidetopresenting.com），相信能帮助你进一步优化每次演讲的结构、影响力和表达方式。希望你能通过网站获得更多演讲的灵感，如果想针对某次高利害性演讲寻求个性化的支持，也可以通过网站来联系我们。

总而言之，成为一名出色的演讲者，跟身体接触型体育项目的准备工作差不多：只有积极地寻找演讲机会，然后不断地在真实的演讲中获得经验，才能有所建树。我们旨在用全面的创意、技巧和方法来武装你，而这些创意、技巧和方法是很多经验丰富的演讲人都希望能够早点了解和掌握的。

　　请好好享受本书，并尽早在自己的重要演讲中使用它吧。

第一章
Chapter One

作为演讲者，你是谁？

第1节

演讲时，你是谁？

卓越的企业领袖往往拥有透彻的自我认知，会再三考量自己能给他人带来的影响：

◆ 演讲时，你想在多大程度上给团队展示人性化的一面？
◆ 作为领导者，演讲时你关注过自己所能产生的影响力吗？

如果这本书仅仅止步于演讲技能，我们会开门见山地切入技巧、结构和练习小贴士这些话题，以便迅速提高学习效率。但这本书想探讨的是，团队领袖如何才能发表既有冲击力又有影响力的演讲。为了实现这个目标，你必须正视自己扮演领导角色时的注意事项。

比如说，某些专业知识帮助你一路拥有了今天的地位，但仅靠这一点，是无法让你被视作一个强有力的领袖人物的——尤其是在演讲的时候。一般而言，我们所擅长的专业技能就是我们的舒适区，在这个区域内你能够让相应的知识产生价值。专业知识纵然是带领团队的关键所在，但在演讲时，它只是建立影响力的因素之一。

知识只是建立影响力的因素之一。

思考一下这两句名言：

让别人心甘情愿地完成你想让他做的事情，这就是领导的艺术。

——艾森豪威尔

如果你的行为能激励他人梦想更远、学习更多、行动更快、成就更高，那你就是名副其实的领袖。

——约翰·昆西·亚当斯

这些名言都没提到知识，而是在说进行互动和产生影响的能力。

其他人是如何看待和认知你的，对于建立参与感和影响力来说至关重要。所以，比起思考如何更有效地演讲，更重要的是思考"你是谁"：其中既包括我们作为团队领袖的观点，也包括受众对我们的看法。

很多人都知道"感知即是真实"这个说法，当我们身处领导位置时，这个说法尤其成立。作为领导者，他人对你产生的观感和体验，将不仅来自你的专业知识。最新的调研显示，很多风投人士都会对创业者的演示方式进行评估，并暗自忖度："他们会购买自己的创业产品吗？"受众在观看演示时，往往都要进行个人评判。作为人类，我们会对自己看到的东西进行主观的解读和释义，很少客观看待事物。为了创造意义，我们会对我们的经历进行删减、扭曲或者概括归纳。

这个概念很容易用基本归因谬误解释：一种每个人与他人互动时都会经历的过程。

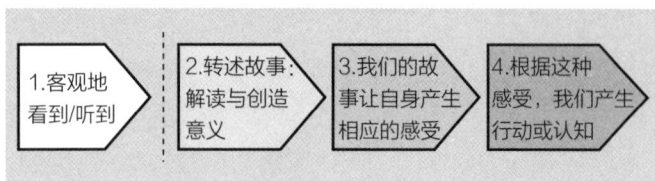

基本归因谬误

每当观看别人演讲时，我们（1）客观地观察他们的特定习惯并聆听言论。但是人类是由意义建构的生物，所以尽管不了解演讲者的感受、认知和动机，我们（2）会从所观所闻和演讲方式上来推断。此时，我们处于"给自我转述故事"的阶段，而不再从纯粹客观的事实上来构建意义。从客观思考到主观臆测，我们已经越线了。这种推论行为引导我们（3）产生特定的感受，这种感受则创造了我们对他人的洞察和认知。也就是说，我们是根据自己对他人的认知与感受——此处特指对他们演讲的感受——来行动的。

这就是受众每次观看你演讲时，产生的潜意识过程。

真实性

"演讲时，你是谁？"针对这个问题，答案的关键点在于，你应该看上去真实可靠。受众要认为你是在做自己，而不是扮演某个角色，这一点在演讲时尤为重要。真实性源于展现诚恳的一面。研究表明，我们越是努力管理自己的表情，看上去越是虚伪。集中精力在自身的情绪表达而非受众的反应上，我们的演讲就会显得更加真诚。当然，最好的方式是在台上专注于成为一个加强版的自己。

演讲时要专注于成为一个加强版的自己。

以下问题清单能帮助我们增强"演讲时，你是谁"的意识：

◆ 作为一个领导者，哪些东西对于你而言是重要的？

◆ 对于你来说，团队的哪些方面会更为重要？

◆ 团队会如何评价你的领导力？

◆ 团队会如何评价你的演讲能力？

◆ 你希望他们如何评价你？

◆ 作为领导者，你有什么独特的优势吗？

◆ 你觉得自己还有哪些地方需要改进？

◆ 演讲时，你会展现多少情绪化的部分？

◆ 演讲时，团队会看到你身上多少人性化的部分？

◆ 你在演讲时充满自信吗？在每个场合下都充满自信吗？如果答案是否定的，那你在哪些场合会觉得更自信呢？抑或在哪些场合更不自信呢？

保持真实在实践中意味着什么？authentic这个单词来自希腊语中的authentikos，意思是真诚。在演讲时，我们既需要打心底里真诚，又需要一眼看上去就显得真诚。也就是说，你要十分清楚自己的观点与立场，也要十分清楚自己在他人眼中的形象，以便前瞻性地管理他们对你的认知。前瞻性地管理他人的认知与展示真诚并不冲突。如果我们很明确自己的立场与信仰，那么通过管理自己的演讲方式来提升效能是很合适的。因为展示真诚是能通过自我管理实现的，而不是天生的能力。

如果你看上去非常真诚，那么受众就会通过你沟通和演示的方式，认定你所传达的内容是非常重要的；如果你演讲时充满激情，那么受众也会感受到这份激情；如果你对于实现目标非常自信，那么这份自信也会通过你的语言、音调和肢体动作传递出去。简而言之，我们所传达的信息与传达的方式是具有一致性的。

关于真实性，可以引申出每个领导者都需要思考的3个问题：

1.作为领导者，我演讲的方式足以表达自己的感受，并让他人产生我所预期的感受吗？

2.如果答案是否定的，我需要做些什么呢？

3.当我需要调动受众去参与一件我自己都没什么积极性的事情时，应该怎么做呢？

本书诚然会为了保证演讲的冲击力和影响力提供很多练习方法和技巧，但作为企业领袖，要真正完成公开演讲的挑战，你还必须掌握以下两点：

◆ 自我认知。

◆ 行为弹性。

如果没有自我认知，行为上的改进是无法实现的。自我认知，在这里意味着你必须对自己的领导者立场有所认知，对演讲时他人如何看待和感受自己有所认知，对如何传达自己所热衷和相信的内容有所认知，以及对如何传达自己并不那么热衷和相信的内容也要有所认知：

如果没有自我认知，行为上的改进是无法实现的。

一旦拥有了自我认知，我们就可以聚焦到建立和展现行为弹性上了。这个概念的广为传播，多亏了爱因斯坦的名言："疯狂的定义就是，不断重复相同的事情，却期待不同的结果。"简而言之，如果你的方式并不奏效，那就换个方法。要改进在特定环境下的演讲方式，这个理念极为重要：一定要对尝试不同的方法留有弹性，特别是在新方法不如旧习惯来得舒服的情况下。

演讲时，受众们对我有什么诉求？

当我们作为企业领袖进行演讲时，可以试着仔细思考一下，受众此时需要哪种类型的领导力？这与我们日常工作中所展现的领导力又有何不同？

在办公室里所需要的领导力，与公众演讲中所需要的领导力当然是迥异的。所以，我们需要根据环境的诉求，来改变自己的管理风格与方式。莫勒专业服务机构的合伙人、领导力专家德斯·伍兹，曾指出3种不同类型的领导力，十分具有参考价值。

"坐着的"领导力

在日常工作时，你的领导力会聚焦于清晰的成果指标和明确的行动方式。在这种环境下，团队会从"坐着的"领导力中受益。这一类管理风格通常意味着，以指导的方式给出反馈、明确方向。

"站着的"领导力

当成果指标和行动方式中的一个不清晰时，你的团队就需要更可见的、可视化的领导力。我们将其称为"站着的"领导力，因为团队需要切实地看到你。这时，我们要对整个团队而非个人传达信息，请务必保持信息的清晰有力。

"站在椅子上的"领导力

当成果指标和行动方式都不清晰时（通常是在组织机构发生变动时，很多东西都模棱两可又瞬息万变），团队会需要更加强有力和可见的领导力。他们需要从你身上感受到激励和信心，需要被你的信息说服。这时，就要求我们在发出指令的同时保持冷静和自信。

下文的图表进一步说明了这种模式，指标与方式的清晰程度，能帮助我们判断团队需要哪种类型的领导力。

当我们作为领导者演讲时，通常是处于"站着的"或是"站在椅子上的"领导力状态。在那样的语境中，为了保持高效能，我们要将日常工作中的管理方式成功转换和升级。在第2节和第3节中，将会有更详细的指导。

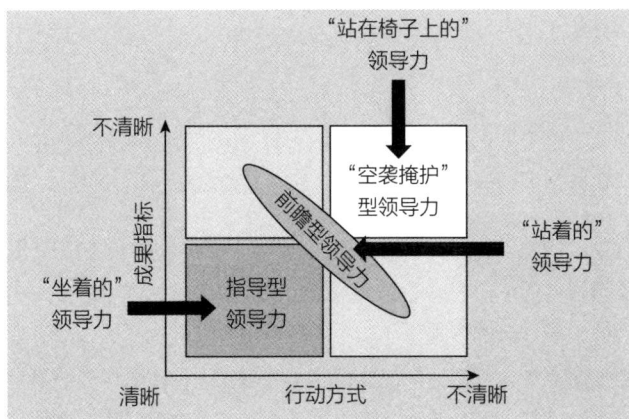

来源：德斯·伍兹，莫勒专业服务机构的合伙人

案 例

詹姆斯管理自己的部门游刃有余，且作风十分低调。他被团队视为"安全保护手"，员工们很欣赏他冷静的风格及经常性反馈——这可以帮助员工"微调船舵"以最终达成工作目标。詹姆斯"坐着的"领导力可以说是毫无瑕疵。

但是，公司发生了变革。管理层要求詹姆斯执行一套可能会改变团队工作方式的新体系，并要求他们与其他部门更加紧密地协作。眼下这段时间将成为调整期，工作方式需要变得更灵活。詹姆斯经过仔细思考，决定支持公司转型，因为他能看到改变所带来的潜在收益。同时，他也清楚部分团队员工会受到影响，因为他们的商业视野恐怕十分有限。尽管他全身心投入这次转型中，但仍然担忧团队会产生反感甚至抵触。

在这种情况下，"站在椅子上的"领导力是必需的。詹姆斯要尽可能传递出自己对于转型的信心、改变工作方式所能带来的益处与其背后的逻辑。比起一次仅仅说明计划的演讲，他需要更加坚实有力地表达自己支持转型的理由，让团队明白他清楚其中的挑战，但却愿为实现公司蓝图而支持变革。员工需要从他的演讲中亲眼看到、亲身体会到真诚，所以在此时此刻，遣词造句要让位于创造认知。

最终，詹姆斯的演讲有力地阐述了工作转型的必要性。他列举了一些度过调整期后会变得更加轻松的工作任务，并提到了其他产业中的成功案例。詹姆斯对于转型的艰难过程表现出了共情心，但也明确了支撑团队携手共度的决心。他用转型初期的重点工作计划和对团队的期望结束了演讲，所有成员都感受到了这次沟通是令人信服、逻辑自洽且充满激情的，也感受到了信息背后明确的使命感。

这就是"站在椅子上的"领导力。

摘　要

◇ 作为领导者，你的演讲通常是高于事实与信息的，所以需要表现出互动、激励和影响力。

◇ 演讲时，受众们会肆意评判你。与其仅仅专注于内容，不如想想我们期望被如何看待。

◇ 在作为企业领袖演讲时，展现真实性是至关重要的，受众必须要看到你的真诚。

◇ 为了在演讲时最大化自己的冲击力和影响力，自我认知与行为弹性是不可或缺的。

◇ 团队领袖所做的演讲通常都是高利害性的，所以需要"站在椅子上的"领导力。这要求我们在台上成为更广阔的自己，展现出可见的、强有力的领导能力。

第2节

演讲时，受众会对你产生怎样的认知和判断？

先不管孰优孰劣，试着回忆一下你曾现场体验过的商业领袖演讲。你能想起些什么？能想起具体的信息、字句和内容，还是基于演讲对这个人产生的认知和判断？

对于大多数人而言，答案可能是两者兼有。但重要的是，作为受众，演讲常常会唤醒我们体内的某些感觉。这种感觉也许是对演讲者的信任，也许是对他们热情的回应，也许是对他们能力的信心。反之，受众也可能产生信心不足、不确定或者不信任的感觉。在第1节中提到的基本归因谬误，在产生这些感觉的过程中扮演了重要角色。

受众在聆听演讲时是如何认知和判断演讲者的，这是一个很重要的议题，而且往往与我们的演讲结构甚至遣词造句都关系不大。当演讲者开场时，我们会立刻从下意识的判断中产生认知，然后从身体语言和声音中反映出来。

在有能力管理他人对我们产生的认知之前，我们应该先理解这种认知是什么。出色的演讲者会通过理解受众对自己的感受来理解这种认知，然后再应用行为上的灵活性，来修正他们的认知。

进一步意识到演讲的影响力

在演讲的时候，你的受众把你看作一个冷静、自信且目标明确的企业领袖吗？他们在你的讲话中感觉到压力，或是在你的内容和沟通逻辑里捕捉到不确定性了吗？他们是因为你卓有成效的表达方式而对演讲内容产生了连接感和参与感吗？简而言之，当演讲结束时，你作为企业的管理者，到底让受众产生了怎样的感觉？

花点时间来反思一下自己留给别人的印象是很重要的，可以从下列这些实际的切入点来思考：

◆ 站在受众的角度客观而言，如果你现在正进行一场演讲，你将会被如何看待？

◆ 你想要被如何看待呢？

◆ 作为企业领袖，你有哪些一以贯之的立场，如何通过演讲来传达呢？

以下练习应该能帮助你更深入地了解自己应该从何处下手调整行为灵活性。

练 习

意识：站在不同的视角

这个练习鼓励你用不同的视角来看待同一个事件，以更好地了解自己给他人留下的印象。也让我们懂得在类似事件中，如何通过调整行为来管理他人的认知。为了取得最佳效果，请深入融合到每一种视角中，把自己完全置于那个位置去练习。

第一种视角

仔细回忆一场令你略感遗憾的演讲，花上几分钟，想想台下坐着的受众、当时的感觉、演讲的关键内容，以及整场演讲的走势。

从这个角度出发，回答以下问题：

◇ 演讲马上就要开始了，我的感受怎样？

◇ 我的脑海中闪过了哪些想法？

◇ 我对那场演讲抱有怎样的期待和恐惧？

◇ 我希望受众在演讲结束时产生怎样的想法和感受？

◇ 在开场前，他们对这个演讲主题有什么感觉？

第二种视角

现在想象一下你是受众中的一员。一般来说，移动到另一个空间甚至另一把椅子上，都会对代入新视角有所帮助。那么现在把自己置身于受众中，思考以下几个问题：

◇ 演讲的开场给你留下了什么样的感觉？

◇ 你对这个主题有什么看法？

◇ 为了最大化这场演讲的价值，你想要从演讲者那里收获些什么？

◇ 演讲者准备开场的时候，看上去怎么样？

◇ 你觉得他对这个主题和受众有什么想法？

◇ 如果只用一个词语，你会怎样形容台上的人演讲的样子？

◇ 为了从这场演讲中获得更大的价值，你会给演讲者怎样的建议？

第三种视角

最后，想象一下你是一个公正的第三方观察者，正紧盯着演讲者和受众双方。如上所述，移动到另一个空间甚至另一把椅子上，都会对代入新视角有所帮助。现在把自己代入客观的观察者，思考以下几个问题：

◇ 演讲进行时，房间内的气氛有什么不同寻常之处吗？

◇ 受众又有怎样的反应呢？

◇ 演讲者呢？

◇ 你会给演讲者什么建议，好让他能最大化这场演讲的积极影响？

这个意识提升练习可以用于反思自己曾做过的演讲，也可以对规划未来的演讲有所帮助。

观察自我

我们给企业领袖培训演讲技能时，只要条件允许就会录制视频。因为通过视频直观地看到自己的形态、听到自己的声音，是非常好的增强意识和直接修正行为的方式。尽管在所有培训中，这都是参与者最不愿看到的环节，但我们发现，这个环节在培训结束后也往往会得到最积极的反馈。

拜托他人来录制一场你的演讲，或者用智能手机自己操作一番，然后反复观看，记下需要注意的地方，这样就能极快地提升演讲效果：

通过视频直观地看到自己的形态、听到自己的声音，是非常好的提升意识和直接修正行为的方式。

寻求反馈

自行思考他人是如何看待自己的，固然对增强意识非常有用，但是寻求别人的意见往往更能帮我们在演讲中突破瓶颈。正确认识他人对自己演讲的感受是有极大价值的，但人们往往很少去寻求这方面的反馈。

一般而言，造成我们很少寻求反馈的原因不外乎以下几点：

- ◆ 对别人可能存在的说法感到恐惧。
- ◆ 担心对方不想伤到自己，只会说积极的观点。
- ◆ 他们的反馈过于泛泛，没有特别的参考价值。（例如："你刚刚做得不错。"）
- ◆ 我们没想到要去征询反馈意见。
- ◆ 我们对于征询对象和他们的反应都抱有不确定的心理。

也许你还能想到其他的干预方式，但如果简单看看以下这个清单，就能发现我们已经对大多数的不确定心理有所准备。总的来说，寻求反馈并最大化其价值的关键，在于我们询问的方式。

寻求反馈并最大化其价值的关键，在于我们询问的方式。

以下是一些向他人寻求反馈的实用小贴士：

1.清晰地表达自己寻求反馈的原因。让他人了解你寻求反馈的原因，可以让他们明确当下的语境。如果他们能理解为什么需要反馈意见，就能更好地提供关联性和实用性强的信息。

2.具体化。告诉他们你需要具体哪一方面的反馈，这样可以帮助对方更好地关注对于你而言重要的信息。也许是吸引受众方面，也许是展现自信感和说服力方面，也许是应对提问方面，也许是内容或者结构的质量方面，总而言之越细越好。

3.聚焦客观条件，并举出例子。在客观条件下的反馈是最有用的，所以要多鼓励他人在具体的行为、方法、身体语言和措辞方面给出意见。针对自己想要怎样的反馈，给出具体例子，这样对方就能清楚知道什么样的信息对你有用。比如说，你可以这么问："我想要一些外在观感上的反馈，我是看起来过于自满还是缺乏自信？你能不能具体说明一下，是演讲中哪个行为或措辞，让你对我的自信程度做出以上的评价？"谨记，面对面的沟通由语言本身、说话的方式（语音、语调）及生理表现（身体语言）组成。所以寻求反馈时，要格外关注这些方面。

4.仔细考虑询问对象。也许向相熟的朋友寻求反馈会比较容易开口，但是，不那么了解你的人给的意见往往相关性和实用性都更强。想想你的受众群体，谁才是他们最佳的代言人，谁才能给出最有价值的反馈。试着向一小部分人寻求意见，这些人最好来自不同岗位，这样你就能从反馈内容中寻找共性。

5.如果条件允许，在演讲结束后立刻寻求意见。此时此刻，你的演讲在他人脑海中最为鲜活——不仅是指他们所看到的和听到的，更是他们对于演讲效果的整体感受。

对于反馈的回应

寻求反馈也许很简单，但如果不喜欢他们所说的怎么办？反馈的益处就在于，我们能够意识到自己有益于或有损于演讲效果的行为。从这个角度而言，反馈对于演讲者来说是份礼物，而我们有权选择接受或拒绝礼物。

如果反馈是源自观察到的行为的话，则更有可能是一个客观评价。聆听客观评价并细心自省，对我们非常重要。通常来说，经过一晚上的深思熟虑，我们对于反馈（尤其是负面反馈）的感受就会改变。再过一段时间，我们就能重新审视这些意见，并自行选择是否要付诸行动，又或者向评价者寻求进一步解释，甚至是忽略之。向不同的人寻求反馈，能让我们更容易注意到个中的规律。

摘　要

◇ 出色的演讲者会通过理解受众对自己的感受来理解这种认知，然后再应用行为上的灵活性，来修正他们的认知。

◇ 通过演讲者、受众和第三方观察者三种不同的视角来审视自己过去的演讲，进一步意识到他人是如何认知自己的。

◇ 寻求反馈能让你更了解他人的认知。

◇ 告诉对方你寻求反馈的原因，并阐述清楚你需要哪些方面的反馈。

◇ 征询客观的评价：受众对于你的措辞、语调和身体语言有何观察，对他们有何影响？

◇ 真诚地聆听并思考他们的反馈：每个评价都能保持大略的一致性吗？在仔细考虑后，决定是否接受意见，或是请求提出意见者进一步解释。

第3节

管理认知

我们已经探讨过，作为管理者，你的演讲是如何在受众的脑海中形成特定认知的，并且这些认知都源自大量的下意识评判。这一点很重要，因为人们首先会从情感上接受某个观点，然后从逻辑上去证明它。一旦你能正确识别演讲时受众是如何认知你的，就能把注意力放在管理这些认知上了。

人们首先会从情感上接受某个观点，然后从逻辑上去证明它。

管理他人的认知是可以有意识地前置性进行的，它与个人影响力息息相关。尽管我们不能控制其他人如何认识和看待自己，但可以通过展现意识和行为的灵活性来影响他们。

那么，哪些可行的方法能用来管理他人的认知呢？

清楚知道自己想给他人留下怎样的认知

想要管理他人的认知，就必须先弄清楚自己想要如何被认知。在第二章里，我们会列举一些问题来启发思路，但是如果想要达到最佳效果，就务必保持异常清晰的想法。埃米·卡迪的研究表明，人们在初见他人时，头脑中会浮现出以下两个问题：

◆ 我能信任这个人吗？
◆ 我能尊重这个人吗？

在想要传递给别人的认知中，信任与尊重应该是相当普遍的，但其他方面也很重要。

尽管有些演讲可能需要你表现某种特定的性格和情绪，但作为管理者，有些核心价值观、性格与情绪定义了你和你想给他人留下的印象。

练 习

1.用具体词语来形容一下，你想让他人对自己有怎样的认知？基于本书的目的，其内容应该围绕在演讲时你希望自己是怎样被认知的。这些词语对于你而言要足够个人化，是基于你的价值观、信仰、环境和文化（包括个人及组织方面）的。如果你就自己在演讲中看上去如何这一点寻求过反馈，那么这些词语应该会在反馈中出现。

供参考的词语包括：冷静、可靠、值得信任、自信、坚定、热情、积极、鼓舞人心、共情力强等。

2.这些性格特质对于你而言真实吗？当你浏览这些形容词时，有没有哪一个与你对自身的认识、你的立场和个性是相悖的？有没有哪些又更加贴切一些？与自己相悖的那些词语，为什么你觉得不合适？有没有更合适的说法？是因为你觉得不真实，还是觉得演讲时表现不出这些特质？演讲时，我们常常会很轻易地放弃表现某种特质，因为我们不知道如何才能表现它。弄清楚这到底是因为缺乏认同感还是技巧不足，才能更好地解决问题。

3.优先事项有哪些？看看清单，哪些重要的性格特质是你最想要表现出来的？对于目前的演讲技巧而言，到底表现该项特质的阻碍在哪里？聚焦在2—3个你认为如果能有效表现出来的话最有影响力的特质上。

4.具体而言，到底怎么做才能展现出这些特质？一旦建立了优先事项，你就能聚焦在如何表现它们上。提升演讲效果，不是孤立地解决一个问题就能做到的，而是要在规划、构架、内容、状态管理和表达技巧上全面地下功夫。把注意力放在关键的优先事项上，才能帮助你在管理他人的认知时，进一步了解自己可以改进的部分。本章和本书剩下的内容，会为你装备更多的创意、工具和技巧。

为想要展现的性格寻找榜样

想想自己人生中最有用的一些学习经验，其中可能包括学走路、学说话和学习如何团队合作。以上这些，都是通过观察性学习所获得的技能。观察性学习是指学习者先观察，再记忆，最后模仿他们所看到的。通过这个过程，他们能够建立新的行为与技能。

观察性学习是指学习者先观察，再记忆，最后模仿他们所看到的。

在演讲的语境之下，准确地为自己期望表现的特质找出榜样是非常有帮助的。你可以找出数个这样的人，在不同的方面有所专长：有些可能是公众人物，有些可能是你的朋友，或者是被你在演讲场合中视作专业人士的人。

一旦找到了合适的榜样，就要花点时间，尽可能在他们演讲时仔细观察。对于公众人物，在线视频就是很有用的资源。当你观察他们时，看看在措辞、语调和身体语言上，有哪些特点使得他们更好地表现出了你想看到的性格特质，注意做笔记。

在识别出这些具体模式后，从下一次演讲的排练开始，就可以模仿他们了。这样一来，你就能够非常保险地练习如何掌握新方法和新行为。如果能录像或者请信任的人过来观察并给出反馈，这种练习的益处会更大。

在演讲时管理自己的状态

当你在演讲的时候，如果想要管理别人对自己的认知，自己就必须要保持在一种非常机智的（或是积极的、正面的）状态之中。

很多人演讲的时候都会产生情境式的自信匮乏，想要成功运用新的表现与演讲模式，就得先克服这一点。毕竟，在台上如果能保持自信，就比在焦虑或担忧的状态下，更可能调整自己的风格。

本书第四章"传达最佳效果"会提供建立情境式自信的实用工具，可以利用它来提升自己的行为灵活性。

对不同的演讲风格保持开放心态

每个人都有不同的演讲风格和方式。我们用一种特定方式做准备，在上台前有一套既定程序，对演讲怀抱某种感受，在演讲中展现一定的特质与行为模式，所有这些步骤加起来，就变成了受众对我们本人和所持价值观的印象。

重要的是，我们作为演讲者所展现的性格特质背后，是我们经年累月培养起来的习惯。这些习惯在某些情况下，会对我们有所裨益。人们经常会在自己参与的活动中，下意识地建立起类似于应对策略的习惯。一旦我们拥有了一种习惯，我们就不再质疑它了——因为根本意识不到它的存在，它已经变成了我们闭着眼都会做的事情。

想要在管理他人对自己的认知上产生成效，你就必须意识到这些演讲的习惯，质疑它们是否能帮助自己实现理想目标，并有能力通过接受并准备不同的演讲方式来改掉它。改变长久的积习，需要我们认识到这些习惯，产生改变的决心，并知悉怎么做才是正确的。更重要的是，需要我们有毅力。

改变长久的积习，需要我们认识到这些习惯，产生改变的决心，并知悉怎么做才是正确的。更重要的是，需要我们有毅力。

这本书会根据高效演讲者的做法，给你提供很多工具、技巧和方法。对于你而言，如果要让这些工具产生效果，就得克服学习新事物和改变旧习惯带来的不适。

练 习

拿起笔，像写信件的落款一样，在一张纸上签下自己的名字。

然后用平时不写字的手拿起笔，再签一遍。

你感觉如何？大部分情况下，第一次的签名会让你觉得很自然简单，甚至不用思考，这就是习惯的感觉。当换了一只手后，也许就要花点力气思考了，而且会感到十分不舒服，结果也不尽如人意，这就是我们想要改变习惯时的感觉。哪怕是对自己的行事习惯做最小的改变和调整，人们也往往感到相当不适。而且，一旦出现结果不太理想的趋势，人们就会往旧习惯上回调，哪怕明明在逻辑上清楚，新的行为和方法需要更多练习才能建立。

要对不同的演讲方式保持开放的心态，就要先明白，在对新的方法形成肌肉记忆之前，习惯的改变需要大量的时间与练习。

摘　要

◇ 明确自己想要他人如何认知自己：详细列出你希望其他人在描述你的演讲时用的形容词。

◇ 只培养自己认为真实的性格特质。

◇ 为自己想要展现的性格特质寻找榜样，并观察他们是如何传达这些特质的。

◇ 通过管理自己的状态来建立新的特质和行为——详见第12节。

◇ 充分理解管理他人的认知需要我们改变一定的演讲旧习，这个过程需要花时间不断练习！

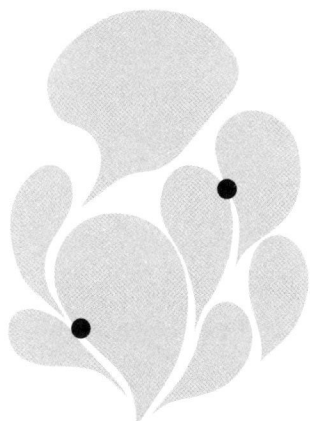

第二章

Chapter Two

准备时，把受众
也放入脑海

第4节

准备工作的基础

本杰明·富兰克林曾说过："没有做好准备，就要准备好失败。"这句箴言对于提前计划演讲与现场表达来说，也特别适用。

我们相信，在当下的商业环境中，如果一个管理者不能高效地规划与准备，那就陷入了致命的疏忽。当演讲的利害性很高、结果至关重要时，你的规划和准备工作就成了成功与失败之间的关键因素——当然，最好是成功的关键因素。

"没有做好准备，就要准备好失败。"

一旦考虑到失败的后果，高效准备的重要性就不言而喻了。

练　习

回想一下你作为管理者曾做过的演讲，或是作为受众观摩过的其他企业领袖的演讲。

针对每一场演讲，思考一下这些问题：

1.演讲者的理想结果是什么——他们希望在演讲结束后发生些什么？一般是希望获得受众对某件事物的信奉（也许还会激励他们付诸行动），高效地传达知识或信息，又或者建立理解的桥梁。

2.演讲效果大获成功的话，会给企业带来什么好处？往具体的方向思考，包括硬数据（营收和利润等）和软实力（竞争优势、士气、共同愿景、相互理解和知识等）两方面的利益。

3.演讲效果不好的话，对企业会有什么损失？同样要往具体的方向思考，亦包括硬数据（营收和利润等）和软实力（竞争优势、士气、共同愿景、相互理解和知识等）两方面的损失。

4.还有没有其他损益是与演讲结果挂钩的？在没实现最佳效果的情况下，可能还会出现一些附带的次级成本。例如，倘若演讲者没有成功地激励一个群体付诸行动，从长远来看，会付出由于士气低落而导致工作效率降低或者团队人员变动这类的次级成本。

把成功或失败的演讲效果与收益和成本挂上钩，就能立刻明白高效规划与准备的重要性。为什么这么多人都没能做好准备工作？以下是我们最常听到的两大原因。

"即兴发挥也没关系"

即兴发挥的习惯，往往来自某次没有好好规划但效果也不错的演讲。这可能是因为对演讲的自信心让我们相信车到山前必有路，又或者是人格魅力能为我们确保有一个良好的结果。不过，即兴发挥的陷阱在哪儿呢？

◆ 你误读了受众对于演讲和互动的感受、积极性和真实想法。
◆ 你的演讲没有清晰和具体的目标。
◆ 对于提问没有准备。
◆ 你的演讲因为没有结构而使受众困惑。
◆ 一旦被受众看出没做准备，你的个人信誉也会备受打击。
◆ 实现理想效果的概率会下降！

"我没时间准备"

对于很多人来说，这的确是个现实问题，因为他们的工作往往都塞满了档期。规划和准备一场演讲的挑战就在于，演讲本身确实没有大部分直面客户的工作任务紧急，所以我们很容易就犯了拖延症。美国作家、企业家及演讲家史蒂芬·柯维在他的著作《高效能人士的七个习惯》里，清楚地说明了这一挑战。他把紧急任务（需要马上行动的）和不太紧急的任务（可以拖延的）做了明确的区分。但在紧急程度之上，一件事项还可以被归类为重要级（成果至关重要）或者一般重要级。这两项指标——紧急与重要，进一步细化成了四格模型。

史蒂芬·柯维认为，既紧急又重要的工作事项，往往与交付相关。这些任务必须要交付完成，对于企业而言相当重要。而重要却不那么紧急的工作，大家通常心知肚明应该尽力完成，但由于缺乏时间上的紧迫感，导致我们一直无法付诸行动。这一类的任务一般都与能力培养有关。

在史蒂芬·柯维的模型里，完成演讲的任务可视作与交付结果直接挂钩的类型：我们进行演讲，是因为想要或必须要实现某种目标。规划与准备作为一项工作任务，虽然不紧急，却十分重要，它可以培养我们交付结果的能力。在工作中，大家既会遇到紧急又重要的任务，也会遇到很多必须立刻响应的任务，因为这些事项的紧急性远超重要性（紧急但不重要的工作），导致它们轻易挤占了本该用于规划与准备的时间。

如果你没做好准备，却侥幸完成了一次比较成功的演讲，事后就会助长你认为自己不需要留出准备时间的想法。持续选择不把演讲当作高优先级事项来规划与准备，长此以往，就会损失自己的技能，并影响我们实现成功的演讲效果。作为管理人员，这是绝对不可以发生的事情。千万不要因为忽视规划与准备工作，而导致某次重要演讲发挥不佳。因为到了那个时候，你才会真正领悟到能力培养的重要性，但一切都为时已晚了。

千万不要因为忽视规划与准备工作，而导致某次重要演讲发挥不佳。

到底要规划与准备些什么呢？

工作任务和优先事项太多、有效时间太少的现实状况，使得我们的规划与准备工作必须既有效果，又有效率。不是所有的演讲都需要或者受益于长期的规划与准备，有些只需要几分钟的思考和2—3个关键点的聚焦。随着演讲的利害性变高（只要是重大的潜在损益，不论是财务意义上的还是名誉意义上的），你投入在思考这次演讲上的更多的时间就很可能意味着更高的成功率。

在第5节中，我们会进一步说明一套久经考验的六步准备流程，可用在任何演讲的规划与准备工作当中。但是，在你要做的所有演讲中，有哪些关键问题是需要找到答案的呢？如果要在短时间内准备一场演讲，又该侧重于哪些方面呢？如果你确实挤不出时间去全面地准备，你该怎么办呢？

我想要实现怎样的演讲结果？

在我们合作过的客户中，有多少位在演讲前并不清楚自己想要的结果？多到令我们也倍感意外。明确知晓自己期望的结果，才能够更好地引领各方面的工作。同时，对这个所谓的期望结果，定义得越具体就越有用。

问问自己："在演讲结束后，有哪些具体事项希望受众能了然于心，并给予承诺或付诸行动？"

受众为什么要在意？

一旦明确了自己所期望的演讲结果，下一步就是回答每位受众脑海里的首要问题："我为什么要在意？"

人们首先会从情感上接受某个观点，然后从逻辑上去证明它。但是很多时候，演讲者都只关注主题背后的逻辑论点。

花点时间，站在受众的角度，思考一下"对我有何好处"这个非常个人化的问题，代入他们的视角是尤其重要的。比起站在自身立场思考演讲主题对于受众而言非常重要的原因，你应该更多地考虑受众的现实问题，以及怎样让这个主题或是期望结果对他们产生相关性或驱动力。所以，如果想要在情感上调动受众，让他们更加关注你的议题，就要在演讲开始不久后回答"对我有何好处"这个问题。

花点时间，站在受众的角度，思考一下"对我有何好处"这个非常个人化的问题。

他们现在对此有何感受？

除非受众这会儿已经找上门来对凡事都表示同意，否则你应该期望你的演讲能够对他们有影响力。这首先需要你理解并正视，受众是如何与我们的期望结果产生关联的，然后才能尝试着引导他们往目标上靠。

这个概念就叫作"引领节奏"，它对于演讲而言至关重要，我们会用整个第6节来具体阐述。

如果你的准备时间极其有限，不妨问自己以下几个问题：

◆ 作为受众中的一员，这个主题如何与我当下的现实生活和优先事项发生关系？我对这个主题有多关心？

◆ 作为受众，演讲刚开始时，我对这个主题会有什么样的感受？

◆ 站在受众的角度，我会用哪一个词语来形容自己对主题的感受？用哪一个词语来形容脑海中的期望结果？

在演讲开始时，就要准备好正视这些可能产生的感受。但谨记不要把这些假想感受当作必然（因为你不可能确切知道受众的真实感受），而是试着去理解人们有可能会这么想的原因。

如果我是他们，我会提出什么问题？

通常来说，演讲都会给受众提问的机会。哪怕在时间不允许的情况下，受众也会在自己脑海里提出问题。为了最大化实现期望结果的机会，花些时间思考，写下你认为受众可能会提出的问题，并确保你的演讲对这些问题提进行了解答。

我的关键点/信息是什么？

当你对自己的期望结果非常清楚，并仔细考虑过受众的立场后，就要把注意力集中到提炼关键点上。能够简明扼要地总结出关键点，对于你而言至关重要。在理想情况下，应该总结出不超过3个关键点，并确保自己在演讲开场和结束时都阐述一遍。

阐明观点和沟通信息最简单也最有效的方式是什么?

在大多数情况下，把以前用过的PPT修改一下，让它符合这次演讲的主题，是一个特别简单的方法。

但每一次演讲，都值得我们好好反思一下自己的方法是否能够简单有效地讲清楚关键点。以下思考可以用来参考:

◆ 哪些创意性的比喻、类推和故事能帮助我阐明观点与信息?

◆ 我的演讲者榜样会如何阐述这些观点与信息?

◆ 除PPT之外，还有没有别的选项能帮我更有效地完成这次演讲?

◆ 有没有什么图像、小练习或讨论议题能帮助受众更好地对演讲内容产生共鸣?

这些问题都是以受众为中心的，而非演讲者。扪心自问后，花上一点时间思考答案，演讲就会准备得更充足，更有可能实现期望的结果。

聚焦于可控的因素

作为管理者，在不尽理想的环境中也要尽可能影响受众，是我们时常会遇到的状况。受众可能为不安和沮丧所困扰，抑或认为我们所提议的东西无法成功。因为大多数的演讲都需要人们在结束后产生与此前不同的想法或者行动，所以我们必须接受偶尔并不完美的现实环境。

作为规划的重要环节，你需要考虑有哪些阻碍或者干扰可能导致理想的演讲结果无法实现。一旦识别出干扰项，就可以将其分为两组：能被你或受众掌控和影响的，以及你和他们都无法控制的。

你需要考虑有哪些阻碍或者干扰可能导致理想的演讲结果无法实现。

在演讲过程中，正视干扰项的存在是非常重要的，同时也要认识到，干扰项可能导致我们无法取得理想成果，因为受众也许已经受到干扰，并被干扰项占据了脑海！一般而言，受众可能会关注到所有的干扰项，也可能聚焦在那些最困扰他们的事情上，导致他们没有想过，这些干扰项是否在他们的控制和影响范围内。这样的念头是毫无益处的，因为被自己不能控制或施加影响的事情夺走注意力是彻头彻尾的浪费时间，哪怕那些干扰是真实存在的。

阻碍随时有可能出现，身为领导者的任务首先是正视其存在，然后把注意力放在我们能掌控或施加影响的事情上。

案　例

莎拉接到了任务，要让团队聚焦于提供出色的客户服务上，她想要通过一次演讲来传达目标和期望。莎拉了解到，内部的电脑系统让她的团队难以同时获取客户信息和产品细节，而新的系统需要六个月的时间才能使用。她的团队为此事备感沮丧，莎拉也很担忧演讲的结果。

电脑系统是一个客观存在的干扰项。如果在演讲中忽略此事，莎拉可能会被团队视为不切实际，而且员工也有可能直接提出这个问题。莎拉必须要在演讲中尽早地正面承认问题及其影响，因为问题早就出现在员工心里了。应明确表示系统确实是个问题，但在更换前我们无法改变它，这样莎拉就能更好地鼓励团队去关注自己能掌控的事情。她对于问题的正视与明确的指令，则会让团队感到自己的焦虑被倾听和重视了，现在应该专注于可控的因素。

摘　要

◇ 规划与准备工作是决定一次演讲成功还是失败的关键因素，尤其是那些高利害性的演讲。

◇ 尽管以往有过即兴发挥的成功经历，也不能以此为由不去准备。

◇ 对一些重要的规划问题做出回应会增加演讲成功的概率。

◇ 对于演讲的具体目标要保持明确：你想要实现什么结果？

◇ 思考你的目标对受众很重要的原因：他们为什么要在意？

◇ 现在就开始考虑，他们会对演讲主题和你的目标结果有什么感受，正视这个问题的答案会展现我们的共情力。

◇ 想想受众会提出什么问题，你又会如何作答。

◇ 总结出演讲的关键点，理想状况下不超过三个。

◇ 思考如何最大限度地传达这些关键点：大胆创意，不要依赖演示软件。

◇ 正视受众心里可能存在的干扰项，并准备好在演讲中承认其存在。

◇ 帮助受众聚焦于他们能控制的干扰项，而不是在无法掌控和施加影响的事情上反复纠结。

第5节

六大步骤做好准备

如何准备一场演讲，取决于一连串的因素，其中可能包括演讲的时长、重要性、对受众的熟悉和了解程度，以及演讲的主题和内容。不管是谁，准备演讲时都会受到一件事情的影响，那就是我们自带的、下意识的习惯和偏好。这些习惯会让有些人更多地聚焦于内容，有些人聚焦于结构，还有一些人则根本挤不出准备的时间。

用一个结构性的流程来指导准备工作是很有帮助的，它能保证你照顾到每一个环节，而不是只做想做的或者容易做的。参照流程来准备的另一个好处是，可以时刻检查自己的进度，看看为了进一步提升演讲效果还需要在哪里下更多功夫。

流程能保证你照顾到每一个环节，而不是只做想做的或者容易做的。

演讲的选项

在深入流程问题前，先考虑一下在面对面环境中我们传达信息时所拥有的选项会带来帮助。大部分时候，我们都把演讲视作一种正式活动，往往涉及电脑和幻灯片——演讲者输出信息给受众的方式，与老师在课堂里大致相同。不过当我们开始准备工作时，如果还能了解到有很多其他选项，便能从中获益：

1.正式型，演讲者主导：不管有没有幻灯片，作为演讲者单向输出信息给受众，可能的话再回答几个问题，这也许是实现演讲目标最合适的方式。

2.非正式型，演讲者主导：非正式的类型例如一场演讲者主导的没有严格结构的讨论会。比起传达某些具体的信息，你可以选择自行发起对话，或者直接对受众抛出的话题进行论述。

3.互动型：互动性更强的方式包括但不限于小测验以及讨论，也许会在受众的协助下形成议题，并在互动的过程中丰富议题的内容。

4.引导型：比起演讲者主导内容和方向，这种方式更注重受众的需求。在想要受众对结果负责的情况下，引导型会比较适用。在寻求跨部门的解决方案、授权某个群体为其提议的新工作流程承担责任和推动部门内的团队合作等情况下，引导型都会提供很大帮助。

5.创意型：演讲不一定要限定在交付某种结构性内容的形式里。讲述故事、创意绘画以及在某个情境中积极协作（而不是将某个情境作为演讲的一部分），都能够很好地实现目标。这种形式的例子包括"剑与盾"练习，也就是用画表示你主张或感觉到的团队优势和劣势，用创意性的比喻来激发更多创新的想法，或者让团队利用多媒体（视频、图片、杂志等）自己来创作演讲。

尽管无论选择哪种类型，规划工作都很重要，但对不同的可能性保持开放心态，仍然可以为我们最大化制定恰当的计划和最终成功演讲的概率。

下面是帮助我们做好准备工作的六大步骤，可以用在任何类型的演讲上：正式或者非正式、引导为主或者输出为主、有结构或者无结构均可。

六步流程

下述流程给出了六个按先后顺序排列的步骤，以确保我们涉及了有效准备工作所必需的方方面面。这个流程非常实用，也可以提升一切演讲的质量和成果。根据演讲的类型，你可以将每一个步骤研究透彻，或者仅用于简单地激发灵感。

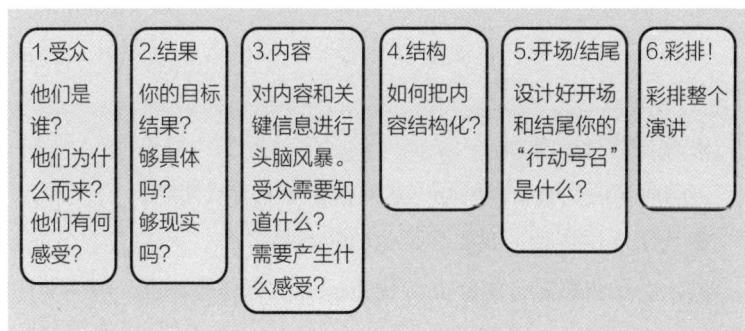

1.受众	2.结果	3.内容	4.结构	5.开场/结尾	6.彩排!
他们是谁？他们为什么而来？他们有何感受？	你的目标结果？够具体吗？够现实吗？	对内容和关键信息进行头脑风暴。受众需要知道什么？需要产生什么感受？	如何把内容结构化？	设计好开场和结尾你的"行动号召"是什么？	彩排整个演讲

1.了解你的受众

准备工作一定要从考虑受众做起。如果想要演讲内容被顺利消化，那么受众对主题的想法、实际状况与背景（包括年资、工作岗位、职责和知识体系等）都是需要思考的重要问题，尤其当你寻求对他们的行为施加影响力的时候。

关于受众，需要考虑的关键问题有：

◆ 他们是谁？

受众是哪些人？总共多少人？

他们的年资级别或者范围是怎样的？

他们对于演讲的主题有所了解吗？

我认识他们吗？如果不，演讲前跟他们（或其中一部分）交流一番合适吗？

◆ 他们有何感受？

听演讲时，他们的感受和情绪大概会是什么样的？他们每天面临哪些我应该有所察觉的挑战或失望？

他们可能会对我有什么感觉？积极的，怀疑的，还是负面的？

他们可能会对我的议题有什么感觉？积极的，怀疑的，还是负面的？

◆ 他们为什么参加？

主动前来还是被要求到场？这对演讲又有什么影响？

◆ 为了演讲成功，我要满足他们的哪些需求？

想让受众们愿意且能够支持我完成一场成功的演讲，我需要注意些什么？

与最后的问题"为了演讲成功，我要满足他们的哪些需求？"相关的一种普遍认知，即行为上的改变是基于一连串因素的，而行为上的改变也往往是我们希望通过演讲实现的东西。

由罗伯特·B.迪尔茨创立、基于人类学家格雷戈里·贝特森理论的"改变的逻辑层次"模型，可以帮助我们有效地思考受众需求：

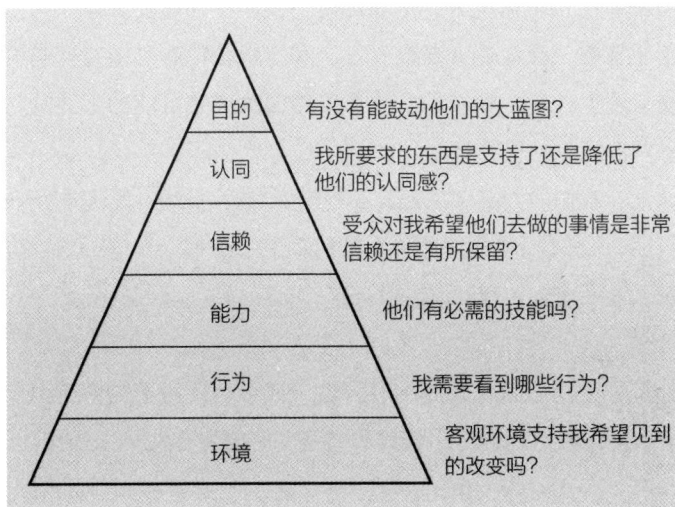

改变的逻辑层次

通过这个模型来比对你的受众，就能更好地识别他们的需求，然后为了实现理想结果再去满足这些需求。

从这个三角形的底部开始，思考一下你的受众可能有哪些需要解答的疑惑：

环境：围绕我们想达到的目标，这一层关注的是地点、时间和同伴三类问题。环境能在多大限度内支持你实现目标？此处所指的可以是物理环境，可以是外部机会，也可以是团队条件，等等。

行为：这一层的本质在于，我们想让受众去做的事情与他们本来就在做的事情有什么关联。有哪些行为是我们想让受众参与的？他们当下的表现与这些行为有什么相关性？

能力：这一层是关于"受众如何做"的，通常是指与现在所拥有的技能和行为相关的能力。他们有必需的技能和能力吗？

信赖：在很多情况下，信赖都是引发改变的重要因素。与之相关的问题通常有"我为什么要改变？"和"我相信有可能改变吗？"想要让改变发生，每个独立的个体都要相信改变是可能的，并且是与他们的个人价值观相符的。

认同：我们的诉求与受众作为个体和团队一员的自我认同相符吗？

目的：我们的诉求与受众的目标感受一致吗？在这一层，应该回答例如"为了什么"和"可以服务于什么"这一类问题。

如果你的演讲具有较高的利害性，或许需要考虑提前游说受众来建立信用度，并与他们产生连接和共鸣。有两种方法可供选择：

① 安排单独谈话：比较合适的做法是通过见面或者电话与一部分或全部受众沟通，评估一下他们对演讲的感觉和需求。如果受众数量很多，那么挑选不同背景的人来对话比较有益，只有这样你才能获得一些有代表性的观点。

② 进行问卷调查：在演讲前通过在线问卷的方式来了解受众的观点，已经变得非常简单易行了。这种做法的好处之一，是可以根据演讲的性质来选择匿名制或者实名制。

在正式演讲前对受众本身及其对演讲的感受建立一个客观了解，好处是可以借此设计一套合适的铺垫语（见第6节），从而展现共情能力，为引领他们接受另一种观点打好基础。

2.确立你的期望结果

对受众及其感受和需求进行过思考之后，就要进一步弄清楚演讲想要达到的具体结果。

对目标有个清晰的定义，能带来以下几点益处：

◆ 可以针对目标来引导内容的方向。

◆ 使你能够好好考量在演讲的有限时间里和受众的潜在感受下，实现理想的结果是否现实，然后就可以更好地根据具体情况来做计划。

◆ 为准备工作创造一个聚焦点，这样精力就能放在对的事情上。

你的期望结果应该是具体的、可测量的以及足够现实的。确定并聚焦于一个行动号召上，应该能有所帮助，即清晰列出我们希望参与者在演讲结束后知晓和做些什么。

大部分演讲的目标，都是基于以下三种可彼此替换的结果中任意一个或多个来建立的：在演讲结束后，受众将……

◆ ……能够……（具备做出选择的能力）。

◆ ……投入……（对某个具体行为做出承诺）。

◆ ……理解……（获得知识和/或理解）。

在设定目标时，你必须要考虑到受众在演讲开始前，能对演讲主题和期望结果产生多大的关联感。聚焦于受众让我们更加现实，从而能够根据具体情况来修改目标。当我们想要实现一个非常高的目标时，一定要先确认受众会在情感上接受你的想法、信息和提案，然后在逻辑上证实之。把注意力花在他们可能产生的情绪上，你就增加了自己达到最佳正面效果的概率。

3.头脑风暴内容和关键点

在日益繁忙的工作环境里，我们可能会在愧疚中找出一个使用过的演讲课件修改一番，重新利用。尽管这样做可以节约一点准备时间，甚至效果还不错，但大部分时候这都是个坏主意。

如果你已经好好地思考过受众的感受，并且设定了一个现实的、聚焦的目标后，就可以开始考虑演讲的内容里要包括些什么了。

有两个因素需要思考：

◆ 什么样的内容可以支撑你的主旨？
◆ 你的关键信息和主题是什么？

支撑主旨的内容

尽管在部分情况下，演讲可以选用的内容是显而易见的。但是在思考过受众与目标后，更好的做法是质疑一下这些显而易见的选项。

在思考过受众与目标后，更好的做法是质疑一下这些显而易见的选项。

我们建议先用一场头脑风暴来激发灵感，然后将其中最重要、有用的想法变为演讲的内容。这样的方式还能使你思考传达信息最有效的方法是怎样的（例如教学、引导、互动练习等）。头脑风暴可以在团体里进行，也可以独自进行，如能遵循以下原则就会更有效率：

① 设定时间限制。时间有限的头脑风暴更能快速地催生好主意。

② 对受众和期望结果进行过思考后，可以简单地写下脑海中浮现的所有想法。暂时不要妄加评判，因为在这个阶段，数量比质量更重要，稍后会有机会进行筛选和过滤。

③ 把你的目标写在一张纸的中间，然后用蜘蛛网图的形式把衍生出来的关键灵感画出来。这样能够更好地连接想法、明确主题，也让随后搭建结构的工作更容易进行。

④ 一旦完成了头脑风暴，你多半会面对一大堆关于内容的想法和可能性：灵感、类比、关键点，也许还有一些要考虑的问题——谨记，在头脑风暴阶段，我们就是要捕捉一切划过脑海的想法。现在，可以把这些想法过滤成必须出现在演讲中的关键内容，并思考如何通过逻辑来给它们分类。如果建立了蜘蛛网图，你应该已经有了一些对内容分类的思考。

⑤ 筛选内容时，一定要把演讲时长谨记于心。很多演讲者都出现过内容太多、时间太短的疏漏。把时间限制谨记于心来进行准备，可以帮助我们挑选出最相关的内容。

关键信息或主题

现在我们对于哪些内容有利于关键信息或主题的建立，已经产生了一个初步的想法。分门别类后的信息会更容易记忆，这一点我们将在第三章涉及更多。

一旦确定了关键信息或主题，把你想要涉及的内容与其对接上，并确保能在有限时间内完成，你就可以想象怎么结构化这些信息了。

4.结构化内容

在第三章里，我们会就这一准备工作的重要阶段提供更多信息。

结构对于受众而言一定要易于理解，对内容的推进要在逻辑上成立。在内容被归类到各个主题之后，演讲可以用每个类别的关键主题来推进。确保信息有清晰的结构，并且在演讲中设置"路标"，这样可以满足受众在演讲结构的明晰性方面的需要。

确保信息有清晰的结构，并且在演讲中设置"路标"，这样可以满足受众在演讲结构的明晰性方面的需要。

5.聚焦在开场和结尾上

在一场演讲中，大家记忆最清楚的多半是你说的第一段话和最后一段话。这是由首因效应和近因效应导致的，也就意味着你要对开场和结尾的规划更加上心。

你要对开场和结尾的规划更加上心。

为了最大化信息传达的效果，我们应该在演讲的开场和结尾做些什么呢？除了以下摘要，更详细的信息可见本书第三章。

开场

在演讲一开始的时候，你应该：

◆ 建立强有力的积极影响。

◆ 更早地调动受众。

◆ 更早地传达共情。

◆ 通过"为什么听演讲"和"对我有何好处"这两点与受众的内驱力产生连接。

◆ 把你对演讲的期望清晰化。

◆ 在合适的地方简要总结关键信息和期望结果。

以下是一些开场时可以涉及的实用信息，以我们建议的时间顺序排列。这些要点全部可以在第三章找到更详细的内容：

◆ 规划一套开场白来直接抓住受众的注意力。这套开场白被称作"钉子"，通常是非常吸引注意力的一个问题或者宣言。

◆ 用节奏引导受众并建立共情。创作一些能与受众达成一致的宣言，并对他们的感受、观点和需求表示理解。

◆ 总结演讲的意图和目标，以及关键点或主题（这叫作设置"路标"）和议程。

◆ 列出你的资质。如果受众不认识你，这一步就能更好地表明你为何是这个议题的合适演讲人。对你的背景和相关经验都要进行一定的摘要。

◆ 给受众以下信息：

演讲时长。

你将如何回答问题（随时提问或在结尾提问）。

你对受众的期望（是否希望他们互动或者小范围讨论等）。

结尾

在演讲的总结部分，你应该：

◆ 让受众对论点产生正面的感受。

◆ 最大化人们记住关键点的概率。

◆ 管理好受众的情绪状态，让他们离场时也有积极的感受。

◆ 用清晰的"行动号召"来调动他们。例如，你希望他们在听完演讲后做些什么。

以下几个方法能帮助我们更好地完成上面事项：

◆ 再次总结关键信息或主题。

◆ 给出坚定而自信的"行动号召"。

◆ 确保你占据了演讲的最后时间。如果要在结尾时回答受众提问，那么之后就要留出完整的总结摘要和行动号召的时间。这样能更好地帮助我们管理受众在结尾时的感受。在本书第四章里，就此提供了更详细的信息。

6.彩排！

这是规划与准备阶段的最后一步，或许也是最重要的步骤。令人意外的是，有很多高级管理人员都没能做到彩排演讲。你能够想象在一部新话剧首演之夜，主演还没有竭尽全力地彩排过台词和表演吗？可是在很多时候，我们能看到企业家在进行高利害性演讲时，受众见证了他/她的第一次彩排！

你能够想象在一部新话剧首演之夜，主演还没有竭尽全力地彩排过台词和表演吗？

为了更好地彩排演讲，以下是一些实用小贴士：

◆ 可能的话，在实际演讲的场地进行彩排。

◆ 彩排整场演讲。我们看到过很多企业领袖只排练演讲的第一部分，从不进行完整的排练。

◆ 条件允许的话，录制彩排过程，并反复观看检查。

◆ 条件允许的话，请合适的人过来观摩彩排，并让他们提出建设性的意见。意见内容可以包括你表达的节奏和自信程度、信息清晰与否以及是否有效地调动了对方的情绪。

◆ 留意自己需要什么才能更好地传达信息和吸引受众。在彩排时，注意自己查看手稿的频率，并考虑一下怎么做才能跟受众而非手稿互动。有些人会准备记录了关键信息摘要的提示卡，来帮助自己记忆演讲的内容。

摘　要

◇ 一个完整的准备流程能帮助你更好地顾及每一件必须完成的事项。

◇ 为了将实现演讲目标的概率最大化，务必仔细考虑自己演讲的形式：正式型、非正式型、引导型、创意型等。

◇ 按照六步流程来准备：

1.了解受众。

2.确立期望结果。

3.头脑风暴内容和关键点。

4.结构化内容。

5.聚焦在开场和结尾上。

6.彩排！

引领受众节奏

严重失误：试图过于快速地引导受众

你有没有参加过自己明明对主题感兴趣，却无法与演讲者产生连接的演讲？可能你察觉到，他们没有真正意识到受众的需求和观点，又或者过分急于推销他们的观点。我们也有可能发现，这些演讲者对自己的议题过于热情，但缺乏让受众感受到其议题与自身的相关性的内容。

到底哪里出了错？演讲者做了些什么或者没做到什么，才让受众感到沟通如此不畅？

经常出现的一种情况是，演讲者在表达自身观点或引导受众感受时过于心急。这样一来，受众反而会觉得对方并没有完全理解自己的需求。试图过于快速地引导受众是一个很容易犯的错误，在企业领袖中也极其常见。不过，这个错误很容易通过一些简单有效的手段来规避，本节会告诉你如何绕开演讲中一些极具负面影响的失误。

什么是"引导过快"？

你有没有陷入过这样的情况——人们因为你在生活、工作中做过或没做到的事情，而感到生气或者沮丧？也许在他们找来对质时，你只回应了一句软绵绵的"冷静一下"。这句回应会给满腹牢骚的对方带来怎样的影响呢？至少大概率上对眼前的困境毫无帮助。为什么呢？因为你所展现的情绪和对方的情绪之间，有一道明显的鸿沟。结果就是，对方认为你不明白这个情况对他有多要紧。也许我们的意图只是想让对方冷静下来，但因为没有表现出共情心理，从而制造了双方的隔阂。这就是"引导过快"的一个典型案例。

作为管理者，我们经常需要调动受众，让他们从演讲中感受到积极的影响和驱动力。在类似的情境里，我们对自己要讲的内容本就存有发自内心的积极感受，并且会带着这种感受开始演讲。这样一来，哪怕我们没有用语言明确表达内心的想法和感受，受众也能从身体语言和说话方式上接收到信号。

拥有对于演讲内容的热情是很棒的，事实上，我们强烈建议大家都要拥有！问题在于，你的受众可能没有同样的感受。事实上，在演讲开始之时，你对于演讲的内容及主张的感受与受众对它的感受是有很大距离的。

事实上，在演讲开始之时，你对于演讲的内容及主张的感受与受众对它的感受是有很大距离的。

演讲伊始，这种感受上的鸿沟可能会让我们马上品尝到失败的滋味。这是因为人们首先会从情感上接受某个观点，然后从逻辑上去证明它。重要的是，在你试图往期望的方向引导受众之前，就应该识别出这种"情绪隔阂"并有所反馈。如果不在演讲进入主要内容前正视受众的感受，他们仅能看到你的感觉如何、你的情绪如何，这样或许会向受众传递以下几种信息：

◆ 你对他们的感受缺乏基本理解。

◆ 你作为管理者的感受和他们的感受之间是失联的，存在隔阂。

◆ 你忽视了他们所面对的现实：他们的焦虑、压力和挑战。

当你未能及时正视受众的感受或想法时，就会出现引导过快的情况。

这是个很严重的失误，因为人们在决定跟随他人之前，需要感觉到被认可和被倾听。只有被倾听了，才有可能开始聆听他人。

只有被倾听了，才有可能开始聆听他人。

什么是节奏？

节奏是一个简单又有力的工具，可以用来告诉受众你对他们的现实问题有所了解，对他们基于演讲主题的想法和感受也有所了解。我们可以选择在演讲一开始就引领节奏，也可以随机应变，在你发现受众的感受与你的演讲或报告以及希望他们如何感受两者之间存在隔阂时有所行动。在演讲中，使用有关节奏的元素，几乎都会管用，但在某些情况下，则需要我们更多地引领节奏。一般准则是，在演讲开始时，你与受众的想法及感觉潜在差距越大，就越需要用节奏引领他们。

但在某些情况下，则需要我们更多地引领节奏。

节奏的目的，是保证受众在接受引导前能感觉到自己被倾听了、被理解了。正视与传达这种感觉，但不要居高临下地妄论，这一点非常重要。在实际操作中，除非受众告诉你自己是什么感觉，不然你也无从知晓。但是，花点时间代入他们的视角，思考他们所面对的环境、挑战和焦虑，就有可能揣摩出他们的想法和感受。在第2节中的小练习"意识：站在不同的视角"，可以帮助我们建立这种共情心。

一旦考量过受众可能持有的想法和感受，我们就可以开始构思一些正视这些可能性的叙述。你所需要创作的陈述是：

◆ 能够使部分受众点头认同的。
◆ 与他们可能面对的现实问题相关联的。
◆ 正视他们任何可能存在的主要焦虑的。
◆ 表现出你考虑过他们的观点的。

节奏不在于传达我们想表达的内容，而在于通过展现对受众的理解，来获得传达内容的权利。

节奏不在于传达我们想表达的内容，而在于通过展现对受众的理解，来获得传达内容的权利。

需要多长的篇幅来带领节奏？

要取得理想成果，受众的情感参与是非常重要的，所以用于引领节奏的篇幅一定要足以让他们感到被倾听和被理解。虽然根据受众、主题和情境的变化会有所不同，但有一条通用准则是很有帮助的：

节奏—节奏—引导

在演讲开始时，用足够的时间来引领受众节奏非常重要，尤其是当他们对主题的感受与你的感受之间存在较大的潜在隔阂时。你需要花费足够的时间来铺垫到位，直至获得引导的权利。不这么做的话，受众可能会觉得你跳过了他们的感觉和焦虑，并不是真正地理解他们。

案　例

假设你要对一群心怀不满的员工发表演讲，公布集团总部即将执行的又一个变革计划。他们近年来经历了许多个类似的计划，有些令人抗拒，还有一些则要员工改变他们已经习惯的工作方式。他们把新流程视作过度官僚化和妨碍工作的象征。

想必你也很清楚，自己应该好好引领节奏，所以在演讲一开始提到新变革后，就立即表示自己明白近年来已经有过很多变革项目，有些也带来了不少焦虑。看到员工中有人点头暗许后，再进一步介绍新的计划。他们会对此做何感受呢？也许会认为你对他们的焦虑感只是客气地提及。事实上，过于短暂的铺垫可能会助长他们的消极情绪。

在这样的环境中，大家的情绪都很激动，还相当负面，所以我们必须在演讲进入主要内容前铺垫得更加到位。你可以从认可员工的忙碌开始，承认以前执行过许多变革计划，有一些在解决问题的同时也给我们带来了挑战，可能在短期内会制造更多问题，而且又来一个新变革的感觉可能也会让人更加沮丧。然后，我们就可以进一步谈谈商业环境的改变和大家所面临的同行竞争，这些外部因素也许是大家觉得工作变困难的原因之一，尤其是在当下这样需要改变工作流程的时候。

如此一来，我们看上去既真正了解了、正视了员工潜在的感受及焦虑，又显得较为真诚。一旦给员工做了这样的铺垫后，就可以开始谈新变革计划的内容和重要性了，因为此时他们很可能感受到自己真正被倾听了。

如何执行？

引领节奏是演讲一开始就应该做的事情，我们可以通过思考下面两个问题来进行规划：

1.为了最大限度地实现演讲目标，我希望自己的受众在结束时有怎样的感受和想法？

2.如果代入他们的视角：

a.他们目前对主题有什么感觉？

b.他们目前对主题有什么想法？

c.他们的焦虑感可能来自何处？

d.当我讲这个主题时，会不会有一些近期经历的事情划过他们的脑海？

通过思考上述问题，我们得以构思一些演讲开始时用得上的说辞。记住，这些内容既要表现出我们对受众潜在想法和感受的了解，又不能让他们觉得自己的感受被妄下定论。

另一个引领节奏的方式是利用互动小环节，让他们的焦虑、感受和挑战通过小组讨论浮出水面。这样带领节奏能建立起一种共同创造的氛围，接下来进入主题时受众会更愿意买账。

当我们思考节奏这个概念时，也许会担心引领节奏是否看上去有些消极，放在演讲的某个节点是否合适。但引领节奏并非消极对待，而是在更好地对真实存在的焦虑与感受进行理解与共情，也可能会进一步拓展到对他们当下所面对现实的正视。从这个角度出发，我们不是在演讲积极或消极的信息，而是在展现真正的思考。

案 例

我们受一家保险公司的邀请，给他们所有参与员工表现评价的高级经理进行一项全球培训计划——"掌控具有挑战性的对话"。公司高层担心经理们对于表现评估过于宽容，没有开展健康而客观的评估对话。这意味着，公司支出了大额的奖金不是因为员工表现出色，而是因为经理们没有追责。

我们基于一些很棒的模式和练习，开办了一日研讨会，并在试验日的早上站在会议室的门口等待。如果测试顺利，我们就要飞到世界各地的办公室来开展这个项目。

最先到达的两三个参与者没有跟我们握手，而是径直坐下，也没有对话和眼神交流，我们对此备感意外。很显然，尽管房间逐渐坐满了，但人们对我们的议题和今天的日程都毫无积极性。事实上，有一个参与者过来跟我们握手了，但是说道："你们知道这个是强制课程，我们都不想来的，对吧？"

我们十分清楚这群人对于课程的感受，和我们期待中今天结束时他们能产生的感受有着巨大的鸿沟。我们必须站在他们的角度，紧急构思一些有效的内容来引领节奏。

于是，我们选择在课程开始时，简单点出参与者可能持有的某些观点。其中包括，承认课程的强制性和肯定存在的抵制心情，同时也指出他们可能并不了解这个议题的重要性等。然后我们提出了一个问题："以1到10计分的话，10代表兴奋，1代表并不期待，你们现在的心情是多少？"我们让大家举手表明，第一个举起的手竟然是3分！这样的节奏让我们得以正视这间房里的人的感受，也得以告诉大家我们充分地理解他们的感受。进行过这样的发言后，我们接下来要求参与者专注于在强制课程中他们可以掌控的部分：对于有价值的内容的学习意愿。

尽管这群人不是我们的合作对象中最积极或者最有动力的，但因为我们花时间引领了节奏，他们也确实沉浸到了内容当中。

摘 要

◇ 演讲者常犯的一大错误，就是试图过快地引导受众。

◇ 你可能对自己的提案充满热情，但是受众也许并不这么觉得：有些隔阂需要先被弥补。

◇ 人们在愿意被引导至既定目标之前，需要感受到你理解他们的处境（以及他们当下的感觉）。

◇ 引领节奏，就是正视受众对演讲主题的潜在感受。

◇ 你可以用开场白来引领节奏，大概率能从受众中看到肯定的回应。

◇ 节奏—节奏—引导：你需要花足够的时间来引领受众的节奏，确保他们感觉被理解和正视了。

◇ 在演讲开始时引领节奏，来获得向目标结果引导受众的权利。

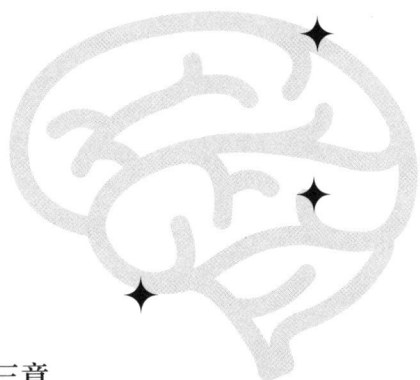

第三章
Chapter Three
构架内容

第7节

结构的重要性及关键点

为什么结构如此重要？

回忆一下当你坐在受众席，台上的演讲却缺乏清晰的结构时，你对内容与演讲者有什么感觉？现在还能回忆起内容和关键信息吗？演讲结束时你又有什么感觉？

结构不清晰的演讲，通常会表现得散漫、失焦，甚至杂乱无章。更糟糕的情况下，我们会把对这场演讲和对演讲者的印象混为一谈，并对其做出有长期负面影响的结论。

结构不清晰的演讲，通常会表现得散漫、失焦，甚至杂乱无章。

要让演讲看上去连贯、紧凑、有趣且清晰，结构是至关重要的。对于受众而言，结构要用清晰的脉络让他们能够连接和理解，从而推动他们接受你告知的信息。

如果你的演讲是一次制造影响力的好机会，那么缺乏清晰、合适的结构，则会有错失这次机会的风险。

整理和构建演讲内容，将其分类为子集合和板块，可以让受众日后回忆起来更加容易一些。我们聆听演讲时，都希望演讲者已经仔细考虑过如何整理、传达信息才能使受众理解及产生兴趣。

我们能从讲故事中学到些什么？

讲故事是向听众传达信息和创造情感旅程最古老的方式。通过演讲来呈现一种叙事，可以将受众与内容更好地连接，在精心的规划和执行之下，甚至可以改变他们的情绪状态。

好的故事往往都有明显的起承转合，能以极具共鸣感的角色吸引我们，然后用多处的转折和起伏在高潮前持续留住我们的注意力。在读到一流的作者创作的故事时，我们能意识到他们的遣词造句和叙事能力是如何给我们带来情绪上的波动的。在读完全书之前，我们也能感受到一连串迥异的情感体验，这都源自作者对结构和文字的把控。

通过演讲来呈现一种叙事，可以将受众与内容更好地连接，在精心的规划和执行之下，甚至可以改变他们的情绪状态。

不论我们希望受众感受到怎样的"旅程"，拥有一个清晰且关联性强的结构都是演讲成功的重要因素。

关键原则

作为管理者，我们经常需要构思和传达不同的演讲内容给不同的受众。有些演讲是为了公布新的信息，有些则是为了实现高风险高回报的成果，让受众投身于某些足以直接影响到企业的事情中。

对于这些多样化的演讲情境，我们在建立演讲结构时要注意些什么呢？有哪些可以运用在任何演讲中，并且对内容的传达和演讲的成果产生积极影响的关键性原则呢？

以下是考虑演讲结构时，可以参考的关键原则。尽管具体的使用方式要视具体的情境和主题而定，但是遵守这五项原则对任何演讲都是有益的。

1.有一个/多个引人入胜的关键信息

一场成功的演讲多半包括了一个清晰和强有力的关键信息，受众可以轻松理解又被深深吸引。尽管对于某些类型的演讲而言，执行起来较为困难，比如要传达坏消息或者简单地提供最新信息，但就下列问题仔细考虑一番，还是可以很好地引导我们设计演讲的结构。根据情况不同，部分问题的相关性可能会更强：

◆ 具体而言，演讲的目的是什么？
◆ 想传达给受众的具体关键信息是什么？
◆ 对于每一个独立受众，要如何切入"对我有何好处"？他们为什么要在意这个主题？
◆ 对于受众而言，演讲成功对他们有什么正面影响？
◆ 对于受众而言，演讲失败对他们有什么负面影响？

在本书中，我们不断地重复一句话，"人们首先会从情感上接受某个观点，然后从逻辑上去证明它"，这是你需要注意的关键性问题。演讲时，这意味着关键信息最好能在情感层面打动受众，才更有可能取得成功。我们看到过太多演讲者在逻辑的锤炼上花费很多时间，而忽视了情感层面。没有创造真实的情感交流，我们就不太可能成功地激发行动。通过从受众角度回答"对我有何好处"这个重要问题，我们就更有可能提炼出有说服力和吸引力的关键信息。

研究表明，来自可信渠道、能够连接受众的信息，在说服力上的表现更佳。有两种工具可以用来提炼信息，把它们变得更加引人入胜、令人信服：

① 运用有力词语。把一个或多个有力的词语用在合适的地方，可以提升信息的接收度。所谓有力词语，是指对受众参与度有积极影响的词语。下面有五个有力词语，可以轻易地放入演讲内容：

◆ 增长。

◆ 减少。

◆ 节约。

◆ 解决。

◆ 提升。

② 多聊"益处"，少谈"特征"。这对于销售人员而言是人尽皆知的准则，当我们需要在演讲中调动和激励受众时，也是非常实用的箴言。特征仅仅只是一项事实，很多演讲者会聚焦于这个内容背后的事实。他们所创造的内容替口中的真相辩护，尽管陈述事实并没有错，但我们还是错失了把特征转变为益处的机会。

益处是指被受众（而非仅仅对于演讲者而言）视作相关且有益的

事情，为了从某个特征中获得益处，你要针对受众进行考量，并对他们心中"那又如何"这个问题进行解答。

通过对益处的沟通，回答了受众脑海中的问题"我为什么要在意"。但不要认为受众会自主给特征和益处画上等号，要帮他们完成这个等号——运用与益处相关的语言构成你的关键信息。

有一种把特征表述成益处的简便方法，那就是在描述过特征后加上"也就是说"这四个字，然后详述益处来完成这个句子。

2.三的法则

大部分演讲都会要求我们传递特定信息和内容给受众，并且希望他们不仅能够当场记住，日后也可以回忆起来。有一种非常有效的原则叫作"三的法则"，可以加强演讲给人留下的印象以及增加事后能被回忆起来的概率。

多年来，三的法则一直是顶尖演讲者和营销人员最有力的工具之一。其基本理念是，信息被分类为不多不少正好三组时最容易被记住。

其基本理念是，信息被分类为不多不少正好三组时最容易被记住。

在2013年，库尔特·A.卡尔森（乔治城大学）和苏珊·B.舒（加利福尼亚大学）的研究发现，当我们需要给产品创造正面印象，或是给消费者提供他们明知带有说服动机的服务时，提出三个主张能留下最为积极的印象。只要不超过四个，你提出的主张越多越好，但是再多就会让消费者对所有说辞都产生怀疑。通常来讲，三的法则可以用三个关键词的形式呈现，这样一组词语能让人自然地牢记。它们既可以分开描述，也可以组成一个句子。综上所述，我们可以在很多地方见证三的法则：

广告语：

◆ 我就喜欢（I'm Loving It）——麦当劳。

◆ 只管去做！（Just Do It!）——耐克。

◆ 你值得拥有（You're Worth It）——欧莱雅。

政治宣言：

◆ 教育，教育，教育（Education, education, education）——1997年英国工党标语。

◆ 一个民有、民治、民享的政府（A government of the people, by the people, for the people）——亚伯拉罕·林肯，葛底斯堡演讲，1863年。

◆ 今夜，我们聚集一堂，再次证明这个国度的伟大之处，而这一切并不在于鳞次栉比的摩天大厦，也不在于傲视群雄的军备实力，更不在于稳健雄厚的经济实力。（Tonight, we gather to affirm the greatness of our nation-not because of the height of our skyscrapers, or the power of our military, or the size of our economy.）——巴拉克·奥巴马，民主党全国大会演讲，2004年7月。

其他内容：

◆ 三位智者（The three wise men）——圣经。

◆ 金凤花姑娘和三只熊（Goldilocks and the three bears）——儿童故事。

◆ 自由，平等，博爱（Liberté, Égalité, Fraternité）——法国国家格言。

◆ 我来到，我望见，我征服（Veni, vidi, vici）——恺撒大帝。

◆ 更快，更高，更强（Faster, Higher, Stronger）——奥林匹克格言。

◆ 这意味着，你要把打算用十年时间来对孩子说的话在几个月之内说完；这意味着，你要把每件事情都安排妥当好让家人以后过得轻松点；这意味着，你该说再见了。（It means to try to tell your kids everything you thought you'd have the next 10 years to tell them in just a few months. It means to make sure everything is buttoned up so that it will be as easy as possible for your family. It means to say your goodbyes.）——乔布斯，斯坦福大学毕业演讲，2005年。

从这些例子中，你会发现三的法则既可以用于浓缩中心思想的三个单独词语，也可以用于连接三个平行的元素或者句子。

构架演讲时，可以试试看能否把关键信息拆解为三个词语，或是利用三句表达中心思想的话来实践三的法则，让演讲更加容易记住。"告诉他们你要表达些什么，表达，再告诉他们你表达了些什么"——哪怕是这句阐述如何构建演讲的古老格言，也利用了三的法则。

"告诉他们你要表达些什么，表达，再告诉他们你表达了些什么。"

3.少即是多——精简内容

到这个阶段，我们对于演讲的规划和构架会更受下意识的习惯与偏好的影响。有一种习惯很常见，就是塞入更多内容。

塞入了过多内容，受众会认为这场演讲：

◆ 匆忙。

◆ 很难跟上。

◆ 无聊。

◆ 过于压迫。

◆ 细节太多。

没人希望自己的演讲看上去是这样的，事实上，我们都希望自己的演讲会恰恰相反！

"适度"的内容是多少?

听上去老套但诚实的答案——恰好够我们实现演讲的目标。

内容的分量会由以下几件事情决定：

◆ 演讲的目标。

◆ 受众的出发点，他们对主题的知识储备和态度。

◆ 演讲的本质（是用于传播内容，还是以新的想法吸引一个群体，或者推动他们付诸行动？）。

◆ 演讲的时长。

除此之外，你还要从受众的角度考虑他们需要什么样的内容，而非自己想要讲什么样的内容。

在构架演讲时，你应该思考如何聚焦在关键信息和解读关键信息的内容上。分发一份摘要可以帮助我们说明更细节的东西，尽管不是所有时候受众都愿意阅读摘要，分发摘要还意味着把深入细节作为一种选项给予了受众，而不是去强迫并不需要的人了解细节。

4.运用神奇数字：7±2

某些演讲确实需要传达很多信息，有时候是因为演讲涉及了一系列具体的主题，然后每个主题里都有一些关键信息。在这种情况下，我们如何才能最大化受众留存信息的概率？从结构的角度来说，当我们有较大量的内容要消化时，能做些什么来持续吸引受众的注意力？

1956年，普林斯顿大学心理学部门的乔治·A.米勒发表了心理学史上被引用最多次的论文之一，标题是《神奇数字7，再加上或减去2：我们消化信息的能力边界》，论文就怎样构架信息才能易于记忆给出了非常实用的建议。米勒发现人们短期记忆的"卡槽"数量是7±2，介于5和9之间。所谓卡槽，对应的是成板块的信息或单个灵感。一旦演讲出现的新想法数量达到了卡槽数量的边界，就会很难回忆，通常有1—2个想法或者板块会被遗忘。

一旦演讲出现的新想法数量达到了卡槽数量的边界，就会很难回忆，通常有1—2个想法或者板块会被遗忘。

回忆一下，手机号码是如何排列的。在法国，8位数的号码通常以4+4的方式排列；在英国，11位数的电话一般会分成5位数区号和6位数号码两个部分。比起一长串的8位数或者11位数号码，这样记忆确实方便多了。

那么，我们如何在演讲结构上使用这种概念，让内容更加便于回忆呢？

如果有大量的内容需要传达给受众，不妨将其按照逻辑分为特定数量的板块或子集。在理想状态下，确保演讲在任何部分的重点都不要超过6个或7个。

案　例

你要进行一场演讲来介绍全新的产品线，受众期待着了解更多相关信息，然后将其卖给他们的现有客户。你有一个半小时时间来演讲，并且需要涉及以下12项主要内容：

1. 全新的产品线是什么。

2. 关键特征。

3. 对客户的益处。

4. 要如何销售。

5. 最适合什么样的客群。

6. 价格体系（对于新、老客户以及其他产品客户都有不同的价格）。

7. 给客户安排好这个产品线的内部流程是什么；有哪些部门要参与；要给它们分别提供什么信息。

8.如何利用现有的内部系统把这个产品线加入工作站。

9.客户签约后将得到什么。

10.新的产品线有哪些常见的技术问题。

11.如何防范最常见的技术问题。

12.寻求技术支持的流程是什么。

一路读下来就会发现，这个清单实在太长了，估计读到第6或7项的时候你的眼皮就会开始打架。

根据"神奇数字"的理论，我们知道把信息分成小一点的子集会比长达12项的清单更加利于消化和回忆。我们可以用如下方式来构架演讲的内容：

1.新的产品线

　a.关键功能。

　b.对客户的益处。

2.如何销售

　a.最适合什么样的客群。

　b.价格体系。

　　i.新客户。

ⅱ.老客户。

ⅲ.使用其他产品的老客户。

3.给客户安排好这个产品线的内部流程是什么

a.有哪些部门要参与；要给它们分别提供什么信息。

b.如何利用现有的内部系统把这个产品线加入工作站。

c.客户签约后将接收到怎样的沟通。

4.新的产品线有哪些常见的技术问题

a.如何防范最常见的技术问题。

b.寻求技术支持的流程是什么。

这样排列组合内容之后，每一层的信息（主标题、次标题及更次一级标题）都不超过4个元素。如果能给每个层次和板块设置不同的视觉标识，就能让受众更加容易回忆这些信息。

通过将内容分为不同板块，并利用小标题来提供指导，就可以让受众更容易理解、消化和回忆你的演讲内容。

5.可以吸引和激励受众的结构

我们在这本书里提过很多次，"人们首先会从情感上接受某个观点，然后从逻辑上去证明它"。但是很多时候，人们都忽略了这个事实，试图通过逻辑论证来构架我们的演讲，再运用总结成了关键点的数据、信息、表格和逻辑推理来创作演讲。

当你需要吸引关注、激励行动或者推销新思想时，就必须对演讲过程中的情感部分格外留心。根据受众需要经历的情感旅程来构建演讲，成功的概率也会戏剧性地增大。

以下问题可以帮助你确定受众所需的情感旅程：

1.如果要让受众执行我所期望的行动，演讲结束时他们应该有什么感受？

2.代入受众的视角，演讲刚开始时，有什么词语能形容他们对这个主题的感受？

这两个问题的答案，可以给予我们关于情感旅程的提示，也可以让我们评估自己的期望结果是否足够现实。

案　例

你要让客户服务代表们执行一个新的电话处理流程。新的流程需要他们与客户通话时捕捉更多的信息，也要求他们执行一些具体的条款和细则，这也就意味着，比现在的流程工作量更大。尽管可以直接指示他们去执行，但你希望他们可以捕捉尽可能多的信息，明白自己有权决定是要"最低程度地执行既定流程"，还是积极调动客户以收集更多有用的信息。因为团队最近在流程上已经有过一些改变，所以对此他们有一些情绪。

面对上文提出的两个问题，你做出了如下回答：

1.如果要让受众去执行我所期望的行动，演讲结束时他们应该有什么感受？

◇ 决心在"最低程度地执行既定流程"之上有所突破。

◇ 受到激励和正面影响，做好提出更多问题、收集更多信息的准备。

2.代入受众的视角，演讲刚开始时，有什么词语能形容他们对这个主题的感受？

◇ 对越来越多的流程变化感到愤懑。

◇ 因为时间压力，对于实施变革所要求的更多工作感到焦虑。

◇ 想要增强通话对象的用户黏性。

很显然，他们现在的感受和你想要他们产生的感受之间有一定差距。明白这一点，就能把演讲的结构设计为（a）在开始时展示共情心（引领节奏），（b）识别出演讲应该带来的情绪改变，以及（c）视情况预判是一场演讲就能完成目标还是需要把任务分解到好几场演讲中。也可以考虑一下吸引受众的最佳方式：用正式的演讲形式，还是引导他们进行小组讨论。

清醒认识到受众的现有感受和能激发行动的感受之间的差距，能让我们更好地规划如何一步步地把他们引导到理想的轨道上。

比如说，如果受众的情绪在演讲开始时就颇为愤懑，但我们又必须要让其在演讲结束时充满正能量和驱动力，在一个步骤里实现这种转变是不切实际的。因为仅靠简单的几句发言，不太可能让受众发生如此大的情绪转变。但是，我们可以把这个转变拆解到4—5个步骤里。首先引领节奏来展现自己的共情能力，把他们的感受从"愤懑"变为"愿意聆听"，然后再从"愿意聆听"变成"好奇"。到了"好奇"的阶段，就可以将其进一步转化为"参与"，最后从"参与"变成"被激励"。把受众的情感旅程拆解为下图中的几个步骤，就可以据此构架演讲，使得转变他们情绪的概率最大化。

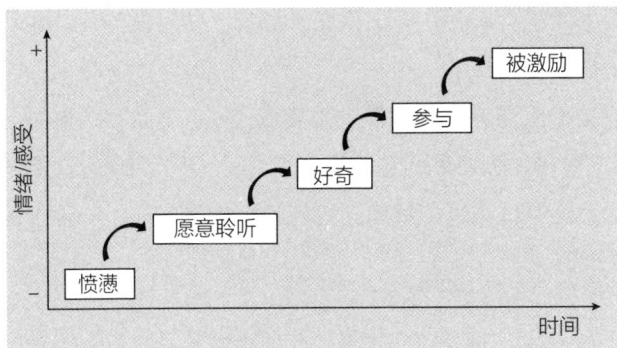

我们可以在演讲中使用具体的方法来推动每一个情绪转变，直到实现理想的受众情绪状态。在上面的案例中，我们可以用到以下方法：

从"愤懑"变成"愿意聆听"。通过节奏，表示自己对受众当前的想法是共情的。同时鼓励他们从客户的利益出发来思考，审视一下目前的流程是不是缺少了什么，对客户的长期体验有没有负面影响，或者也可以从陈述行业现实、增加我方竞争力的角度出发来谈。

从"愿意聆听"变成"好奇"。现在他们支起耳朵愿意听听看了，我们就可以开始提供一些刺激好奇心的信息，又或者谈谈世界级的企业在提升客户体验方面的经验和成果。这些信息如果讲得太早，受众可能不会有共鸣，所以务必确保他们已经从"愤懑"变为"愿意聆听"了。

从"好奇"变成"参与"。受众一旦产生好奇心，你就可以通过小组讨论的方式，调动他们的参与度，让他们主动了解拥有更多客户信息和投入更多时间通话的益处。如果受众能做到这一点，就能感到自己不只是被告知这些益处，而且是在有对话权和参与度的情况下进行主动发掘。

从"参与"变成"被激励"。一旦他们参与进来了，你就可以寻找提出要求的机会，并让他们认真考虑自己能对新流程的成功执行做出怎样的承诺。

尽管要根据演讲的具体需求来确认（a）开始和结束时的受众状态，（b）实现理想结果所需的步骤和（c）用于实现每次情绪转变的方法，但我们应该可以了解到，这样的结构聚焦在了一件事情上，那就是受众的感受。

摘　要

◇ 结构不明确的演讲，通常看上去散漫、失焦，甚至杂乱无章。

◇ 整理并结构化演讲的内容，能让受众感觉更清晰，更便于事后回忆。

◇ 遵守5个关键原则，可以提升任何演讲的结构和影响力。

◇ 内容要令人信服：要明确演讲目标，通过更多地谈论益处（而非特征和事实）和运用"提升""节约""解决""增长"和"减少"这些强有力的词语来进一步说服受众。

◇ 利用三的法则，让关键信息容易记忆，也更有冲击力。可能的话，把关键信息组织为三个要点，或是运用三个词语来总结演讲的内容和目的。

◇ 精简内容。"少即是多。"大部分演讲者都急于涉及太多的内容，一定要谨记你的目标，以及实现目标需要受众产生怎样的感受。

◇ 当演讲中有太多信息要传达时，把信息分门别类成不同板块，并运用7±2原则：在回忆大量信息时，如果信息是分组的，并且每组内容有5—9项，则更容易被回想起来。

◇ 规划演讲时要更多地考虑情感而非逻辑。人们首先会从情感上接受某个观点，然后从逻辑上去证明它，所以我们应该仔细考虑受众在演讲开始时对主题的感受，以及实现演讲目标需要他们产生的感受。然后再据此来规划步骤，让他们实现情绪转变。

万能的高级结构

规划演讲内容时，很容易沉溺于细节而忽略了整体。然而，整体结构对于实现演讲目标而言是异常关键的。

整体结构对于实现演讲目标而言是异常关键的。

不管是什么演讲，一个足以支撑内容的高级结构，能给你和受众带来不少好处。

一个高级结构可以：

◆ 在演讲一开始就有效吸引受众。

◆ 确保信息表达得足够清晰。

◆ 最大化演讲的影响力。

◆ 确保以积极的方式结束演讲。

◆ 增加受众记住内容的概率。

　　建立结构时有很多因素需要考虑，但最重要的还是演讲的目的或者目标。我们必须明确自己想实现些什么——你是希望能理解、驱动、通知、说服还是娱乐受众？

　　受众的需求也会影响我们对结构的塑造。比如说，不熟悉演讲主题的受众比该领域的专业人士需要更多背景信息，所以在这种情况下，应该花费足够的时间在解释主题内容上，此外还应预留出重申主要观点的时间。

　　尽管每次演讲都不尽相同，根据不同的演讲目标和受众需求也有相对应的准备，但还是有一些关键因素是普遍适用的。我们提供了一个可以运用于绝大多数演讲的模板，以便你能囊括最重要的高阶因素。你可以把这个模板视为经验法则，尤其适用于需要在较短的时间里准备演讲的时候。

　　上文已经提到过演讲界的格言，"告诉他们你要表达些什么，表达，再告诉他们你表达了些什么"。这样的结构也许对于年资较深的受众而言并不适合（可能使他们感到无聊或者无益），但是在大多数演讲中还是非常实用的。

　　以下模板便是基于这种结构：

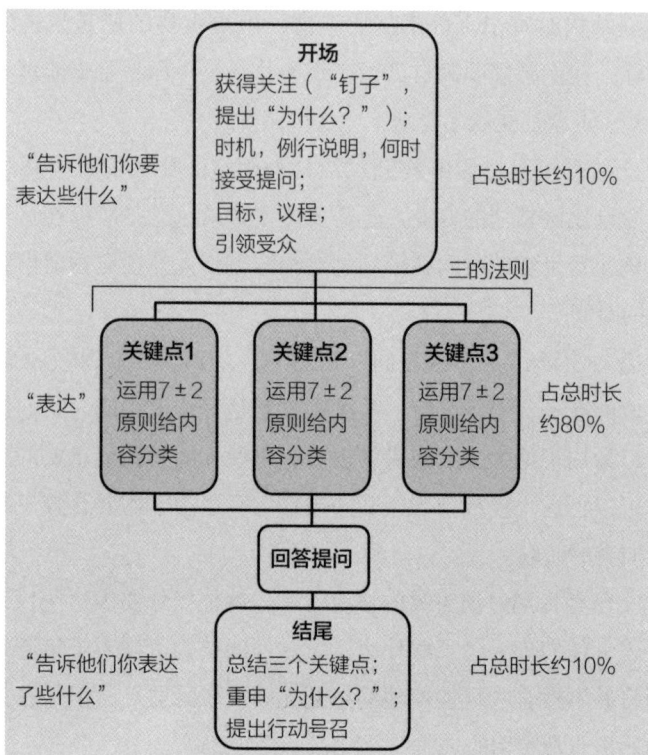

开场
获得关注（"钉子"，
提出"为什么？"）；
时机，例行说明，何时
接受提问；
目标，议程；
引领受众

"告诉他们你要
表达些什么"

占总时长约10%

三的法则

关键点1
运用7±2
原则给内
容分类

关键点2
运用7±2
原则给内
容分类

关键点3
运用7±2
原则给内
容分类

"表达"

占总时长
约80%

回答提问

结尾
总结三个关键点；
重申"为什么？"；
提出行动号召

"告诉他们你表达
了些什么"

占总时长约10%

演讲结构

　　这个结构模板中包含了部分已在本书中涉及的内容，第9节会特别聚焦在如何创造有冲击力的开场上，所以我们在这一部分主要谈谈三个因素：如何在开场/中场/尾声阶段、回答提问阶段、结尾阶段分配时间。

如何分配时间？

　　我们的模板建议，演讲的开场在包含以上所列因素的前提下，应该占据总时长约10%的时间。然后80%的时间用于传达关键信息，最后10%的时间则留给结尾。

为什么我们建议如此分配呢？

开场

大多数时候，演讲者会过于快速地进入正题，使得受众要么没有跟上，要么没有参与度。试着代入他们的视角想想，你应该也会希望演讲者能理解你对于主题的感受（节奏）；想要了解演讲所涉及的内容（议程）；想知道何时会接受提问（随时举手还是将问题留到最后？）；演讲总时长是多久，中间有没有休息时间；以及，想要知道为什么这个演讲对于你而言很重要（"为什么"或"对我有何好处"）。最后，你可能还想了解这次演讲的目标或者目的是什么。

回答这些问题的确会花费不少时间，但是受众能借此为演讲内容做好准备，更有意愿进入正题。总耗时较长的演讲，则需要更多的时间来解释这些事项。

中场

把绝大部分的时间留给主题内容是最合适的。我们的高级结构也阐释了如何运用三的法则（最好不要超过三个关键点）和7±2原则来给内容分门别类，以保证能被事后记起。如果是比较长的演讲，记得要在合适的间隙点，给受众指示性的提示。

如果是比较长的演讲，记得要在合适的间隙点，给受众指示性的提示。

尾声

演讲的尾声几乎跟开场一样重要。人们总是倾向于记住你说的第一件和最后一件事情，所以如何总结与完成演讲对其影响力至关重要。要达到理想效果，这一部分也需要足够的时间。

回答提问

如果要在演讲的主体内容结束后接受提问，那么如前文的演讲结构图所示——最好在总结语前进行。我们认为这一点相当关键，原因如下：

受众提出的问题不在你的控制范围内。让我们假想一下：你进行了一场相当有力的演讲，但是发现自己对于受众的提问却无法给出一个同样有力的回答。倘若这成了你与受众最后的互动，那他们会对你和演讲产生一个怎样的感受？尽管我们不能断言，但大概率会有某种程度的负面印象。所以不妨试想一下这个场面——在做完一个漂亮的总结后，却没能给受众的提问或评论留下非常积极的回应。

在总结语前接受提问，可以避开这种潜在的可能性，并且确保不论提了什么问题，最后的总结都在你的掌控之中，这样就能更好地管理受众离场后的情绪。

在第14节，我们对回答提问的板块有更多细节说明。

结尾阶段

刚刚也说到了结束和开始一样重要，因为人们往往容易记住你所说的第一件和最后一件事情。在回答完问题之后，我们要确保总结语包括了以下几个元素：

总结关键点：这是"告诉他们你表达了些什么"的部分，如果在总结中重复自己的关键点（继开场和主题内容后，这是第三次复述），受众就会对主题记忆更加深刻，日后也更有可能记起。

连接受众的内驱力：如果演讲目标是推动某个行为或思想上的改变，那么站在受众角度回答"对我有何好处"，以此来连接受众是非常重要的。他们需要知道，为什么这个演讲对他们至关紧要。

发出清晰的"行动号召"：作为演讲目标，要非常清楚地表达你想让人们做些什么。

克制住讲完内容后仅仅以一句"谢谢"来结尾的冲动。为了让受众对关键内容留下清晰的印象，并且牢记演讲的重要性和你所做出的号召，他们需要一个强有力的总结语。要一一做到这些事情，就绝对不能心急。

摘　要

◇ 拥有高级的结构意味着内容清楚、事后记忆方便、影响力最大化，对于你和受众都有所裨益。

◇ "告诉他们你要表达些什么，表达，再告诉他们你表达了些什么"，这句格言对大多数演讲都是适用的。

◇ 我们建议这样分配演讲时间：10%开场，80%主体内容，10%结尾。

◇ 在总结语前接受提问，这样就能让你更好地掌控演讲的结尾以及受众离场时的情绪。

◇ 确保自己创造了一个强有力的结尾，其中务必再次总结关键点，将受众与演讲的重要性连接起来，并做出一个掷地有声的"行动号召"。

第9节

创造具有冲击力的开场

有一个久经研究的心理学概念叫作"系列位置效应"，常常被知名的演讲家用来将自己的演讲变得更难忘和具有冲击力。系列位置效应的两个重要组成部分——首因效应和近因效应对演讲者的影响最大，也证明了当人们进行回忆时，比较容易记起演讲的开场和结尾，而非中段。

人们比较容易记起演讲的开场和结尾，而非中段。

如果某个信息给予了我们足够的消化时间，且有一定的意义，在我们长期记忆库中就比较容易被储存和事后回忆。演讲中，这个过程通常发生在开场和结尾——当我们对信息和受众相关性进行总结摘要的时候。

首因效应意味着演讲的开场是至关重要的，被回忆起来的概率也相对较高，因为对于受众而言，他们有机会来思考这些信息对他们有什么意义。

确保最重要的开场五分钟给受众留下了深刻的印象力，这样可以极大增加我们实现既定目标的概率。

那么，开场五分钟要囊括些什么呢？一流的演讲家又会在这短短几分钟内说些什么，使其留下积极影响并提高事后记忆率呢？

至关重要的第一段话：创造一个"钉子"

演讲者用毫无生气的欢迎词开场，并迅速进入了正题——我们大多数人可能都参加过这样的演讲，其最好的结果也就是受众评价好坏参半。有些对主题很感兴趣的人可能还是会被吸引，但是这样的开场面临着丢掉大半受众注意力的风险。要知道开场是一个直接创造积极印象、抓住受众注意力，并且使其聚焦于内容的好机会。

在你作为管理者所做的演讲中，我们建议用一个"钉子"开场。"钉子"是指用于吸引受众的瞬间注意力的、与他们相关或引发思考的事实、数据或者陈述。一个好的"钉子"可以确保你的受众竖起耳朵，全神贯注。

一个好的"钉子"可以确保你的受众竖起耳朵，全神贯注。

这里有一些使用"钉子"创造了出色印象的案例。

在电信产业投资人大会上的一场主题为"机遇"的演讲：

你知道这世界上50%的人都从未拨打或者接听过任何一个电话吗？

我们自己做的关于影响力作为关键管理技能的重要性的演讲：

在线调查公司Qualtrix最近的研究显示，我们平均每小时都花费23分钟在打动、影响或者说服他人上。那么，我们花了多久来思考这一项耗费了将近半个工作日的技能呢？

巴拉克·奥巴马2009年就职演说：

我今天站在这里，为我们眼前的任务深感谦卑，为你们给我的信任深觉感激，为我们先人的牺牲满怀感念。

一个慈善机构的负责人为潜在的企业赞助方做的演讲：

世界上20%的人口消耗了80%的资源。可供分配的资源还有很多，但主要的问题在于不公平的分配，我们是唯一一家致力于改善这一点的慈善机构。

安妮塔·罗迪克女爵（英国企业家、美体小铺的创始人）对弱势阶层的年轻人所做的演讲：

如果你认为自己太过渺小、无法创造影响的话，试试跟一只蚊子同眠。

理想的"钉子"意味着抛出一个与你的演讲主题相关的，令人意外或/又有趣的观点。当我们站上讲台，干的第一件事就是创造"钉子"时，形成的冲击力是十分强大的。

当我们站上讲台，干的第一件事就是创造"钉子"时，形成的冲击力是十分强大的。

做出一个强有力的表述——"对我有何好处？"

从本质上讲，我们所做的大部分演讲都旨在让受众做出某种行动。如果仔细想想自己对于其他人的行动号召的回应，你就会发现，有一系列的因素决定了我们最终是否会按照要求行动。可能的因素就包括对于提出要求的人的印象，具体需要我们做什么行动，我们是否认为合适、合理，提出要求的语境，我们什么时候有空和现有工作量，等等。

另一个影响我们决策的因素，在于能否看到该行动对个人或团队较有吸引力的好处。在很多情况下——哪怕是在我们有权力要求对方行动的情况下，他们还是会根据对"对我有何好处"这个问题的思考来做出选择。这绝不是出于个体的自私性，人们会时不时做出不只考虑自身的服务性行为，但是当被要求做到某件事情时，我们的确会思考这件事有何益处。

益处可以分为以下两类：

◆ 让我们进一步接近自己想要的东西，或是我们深知拥有了便能带来好处的东西（成果实现）。

◆ 让我们远离自己想要避开的东西（问题规避）。

大部分未经训练的演讲者，会过于快速地进入演讲的主题，直奔信息和内容，对于解释原委、帮受众做好聆听准备这一部分，花费的时间则非常不足。除非受众本来就熟知为什么这次演讲和要求他们做出的行动非常重要、与自己息息相关，不然他们很难完全投入演讲的内容中。

大部分未经训练的演讲者，会过于快速地进入演讲的主题，对于解释原委、帮受众做好聆听准备这一部分，花费的时间则非常不足。

要想强有力地传达"对我有何好处"，可以参照以下几点：

◆ 代入受众的视角，想想对于他们而言，认真聆听并做出行动所能带来的好处。

◆ 把付诸行动所能带给个体和团队的益处与能避免的负面后果，清晰地传达出来。

◆ 用足够的时间确保自己清楚地表达了"对我有何好处"，受众也完全理解了。

◆ 可以的话，用提问环节来鼓励受众思考，并联系到"对我有何好处"上：通过提问来激发人们的想法，增加他们的责任感和主人翁意识。

必要的例行事项

当受众坐定准备聆听一场演讲时，有一些事情是注定要出现在他们脑海里的。在开场白中主动提及这些事情是一个不错的选择。这样能让受众更快地进入状态，使其对演讲的感受更加清晰。

我们建议，在开场部分要囊括以下三点事项：

1.时间。演讲有多长？有没有休息时间？这两个简单的问题一定要在开场就给出答案。明确时间上的安排能把受众的期待值调整到合适的水平。

2.提问环节。你将怎样接受提问？在演讲中希望能进行多大程度的互动？对于这个问题一般有两种选择，在开场就表明你的倾向会比较好：

◆ 随时接受提问。

◆ 在指定时间内接受提问，一般是演讲结束的时候（但在总结语之前）。

你可以根据自己的喜好、演讲的主题、受众对主题的大概感受和其他因素来进行选择。

另一个关于互动更宽泛的问题，也可以在这个时候提出来。举例来说，你可能想要鼓励大家更多地讨论和贡献想法，那么就要在开场部分表达这个意愿。相反，如果你觉得自己的受众本来就会有很多观点碰撞，那就应该告知你打算如何让大家介入。不管怎么选择，中心思想是一样的：表明你的预期，这样受众一开始就处于比较清晰的状态。

3.目标。尽管严格意义上讲这一点不算是例行公事，但你的受众肯定希望一开始就知道这次演讲的具体目标：你想要实现些什么？关于目标，我们在第五章里提到了更多细节。确保你对希望受众了解和决心去做的事情有一个清楚的表达，阐明这一点，可以让受众就理解演讲内容建立必要的语境。

介绍自己的资历

在大部分演讲中，受众都很了解演讲人，尤其是对演讲人与主题的相关性非常了解。这也许是因为管理性质的岗位，又或者是通过个人经历与相关领域专业度所带来的权威性。

但是我们也会遇到受众不完全了解自己的情况。在这样的场合中，要回答他们的一个潜在问题——是什么让你拥有了给我们进行这个主题演讲的资格？对于一部分人而言，在我们回答这个问题之前，是无法赢得他们的注意力的，他们很有可能闭上开关，不会全心投入你的演讲内容中。

是什么让你拥有了给我们进行这个主题演讲的资格？

要恰当地列出自己的资历，则要求我们代入受众的视角，想想他们需要什么样的证据，才会认为你有资格胜任演讲主题。你可以分享一个与主题有关的经验故事，也可以列出自己过往的成就。

尽管这个部分只会占据开场的30—45秒，但是有力地回答"为什么是我"这个问题仍旧是非常重要的。

引领受众

第6节详细地介绍了节奏的概念，以及如何有效地引领受众。节奏意味着你对于受众在演讲开始时的状态（他们对主题的潜在感受、他们面对的现实问题等）有所正视。在开场中引领节奏是非常重要的，可以（1）对受众所面对的现实问题表现出理解，以及（2）得以通过演讲引导他们的感受。

在开场中引领节奏是非常重要的。

根据演讲主题的不同、受众潜在感受的不同，以及他们开场的感受与你所期望的结尾感受之间的差异，节奏也要相应地调整。节奏可以是非常简单的几句话，让受众能普遍认同，也可以是篇幅更长、掷地有声，让你能在进入正题前鼓励受众分享观点的话。不论认为哪种形式比较适合自己，都要记得务必在试图引导受众前留出足够的时间引领节奏，不然的话就面临着无法用内容影响到他们的风险。

摘　要

◇ 人们对你所说的第一件事记忆深刻，所以创造一个强有力的演讲开场至关重要。

◇ 以"钉子"的方式，即刻获取受众的注意力。"钉子"可以是一件事实、一个问题抑或一段陈述，只要能吸引他们的注意与兴趣即可。

◇ 确保你在回答"对我有何好处"这个问题上花费了足够的时间。我们再三重申，人们首先会从情感上接受某个观点，然后从逻辑上去证明它。所以请聚焦在这一点上，不要在受众尚不清楚演讲对他们有何益处时，就急于进入正题。

◇ 在开场时阐明例行事项的内容，以便受众更好地聚焦在主题上。给出演讲时长、休息时间、接受提问的方式、互动的方式，并且对演讲的目标进行摘要。

◇ 面对不认识你或者不清楚你有何专业成就的受众，一定要列出自己的资历。回答他们虽然没问但个个都在盘算的问题——是什么让你有资格就这个主题对我们进行演讲？

第10节

当你的演讲是为了改变受众的想法……

在我们作为管理者所做的大部分演讲中，一个关键的目标就是改变受众的想法。具体情况也许是给团队介绍一种新的工作方式，也许是向公司管理层或外部投资者推介一项新的战略，也许是向新老客户寻求投资或合作。在这些主题以及很多其他主题之下，改变受众的想法都是我们演讲的首要目标。

尽管有些人对于改变持开放的态度，但更多的人还是会抗拒或者觉得不太舒服。那么在演讲中我们要如何应对和改善这一点呢？要如何利用演讲的主题内容来帮助受众更好地参与到你所提议的变革中来呢？

在这一节，我们会先探讨一下人们对于重大变革通常是如何回应和行动的，然后为旨在改变受众想法和行为的演讲者提供一些重要的优先事项来参考。

对于改变的自然反应——库布勒-罗斯改变曲线

在1969年，瑞士心理学家伊丽莎白·库布勒-罗斯在她的著作《论死亡与临终》里提出了五步模型，来具体解释哀伤的五个阶段。

你也许会疑惑，死亡与临终和演讲有什么关系，为什么一个描述哀伤阶段的模型会与领导变革有关，让我们一一说明。

库布勒-罗斯的成果经常被用于研究个体是如何应对重大变革的，同时人们也逐渐发现其相关性不仅限于人们经历哀伤的时候。事实上，在很多工作情境中，当变革提出时，我们可以观察到个体和团队在经历同样的五步模型。

并非出于个体意愿的变革，通常都会对我们有很深的影响。理解自己和他人是如何被变革冲击的，有助于预见性地掌控类似情境，也会帮助我们理解自己对于变革的反应：

◆ 是非私人化的，尽管被我们以非常私人的口吻描述。

◆ 是个人参与变革的过程或者旅程的一部分。

◆ 是需要时间来找到方向的，每个人度过这段时期的速度不一。

◆ 并不必然是我们做错了或者无法成功贯彻我们想看到的改变。

并非出于个体意愿的变革，通常都会对我们有很深的影响。

练 习

回忆一下当我们被要求对既定工作进行巨大变革的时候——也许是基于你做过的某件事所带来的反馈导致，你对于这种反馈或整体情况的第一反应是什么？第一反应会一直持续还是随时间改变？如果改变了，是怎么变的？你花了多长时间才能全心全意地参与到这项变革中？你现在对当时的情况又有何感受？

当我们通过上面的练习来思考时，应该已经察觉到了自己对于改变所经历的几个阶段。库布勒-罗斯模型将这些阶段拆解如下：

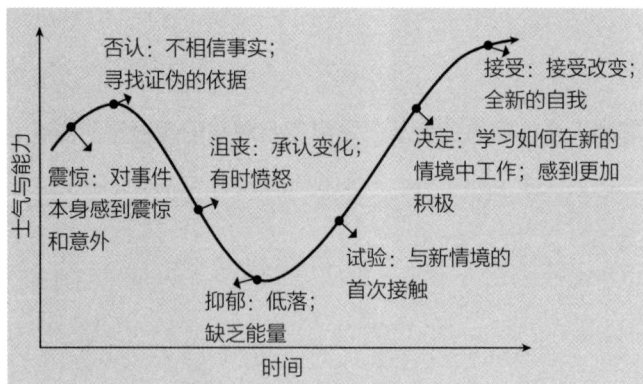

库布勒-罗斯改变曲线

来源：经西蒙与舒斯特公司旗下伯纳出版社允许，根据伊丽莎白·库布勒-罗斯博士著作《论死亡与临终》中的资料重制

改变对于人们而言通常都是不太舒服的。有些事情，你本人觉得非常正面积极、急于参与，但是对于员工而言，一旦被视为"改变"，就会出现截然不同的反应。而库布勒-罗斯改变曲线可以提供一系列重要且实用的洞察，让我们对于变革提案的期待值和处理方式都能有相应的调整。

在演讲的语境下，这个曲线可以帮助我们了解：

◆ 当我们提出变革时，个体需要经历很多个过渡阶段。

◆ 对于改变的第一反应不一定会是最终反应——适应现实需要时间。

◆ 负面的第一反应在很多情况下都是正常的，这并不代表我们失败了。

◆ 绝对不能低估个体在经历改变时的感受。

◆ 人们在改变曲线的不同阶段需要不同类型的支持，我们要对提供相应的支持抱有开放心态。

在我们因为重大变革去做演讲的大多数场合中，期望受众不曾经历库布勒-罗斯改变曲线的任何阶段就接受改变是不现实的。我们必须正视这一点，然后尽己所能，支持团队度过这些不太舒服的阶段。记住，帮助人们过渡就是在帮我们自己实现正面的长期成果，切勿因为难以管理就忽视或拒绝这些阶段。

帮助人们过渡就是在帮我们自己实现正面的长期成果，切勿因为难以管理就忽视或拒绝这些阶段。

规划一场关于改变的演讲时，要特别注意库布勒-罗斯改变曲线的各个阶段，并且仔细考虑震惊、否认或沮丧（也可能是其他相似情绪）是否会出现在你的受众中。问问自己打算如何对这些情绪展现正视与共情——第6节里介绍的引领节奏的技巧应该能对此有所裨益。接受改变是需要时间的，所以，不要忽视受众当下和日后的真实情绪，更不要强行推进变革。

一旦理解了人们面临变革时需要经历的不同阶段，你就能以预防性的措施来引导这个过程，并且创造更大的实现改变的概率。在规划和传达演讲时，以下几点关键事项可以派上用场。

为了实现可持续的变革，你的演讲应该表达些什么？

事实表明，超过70%的重大组织性变革都会失败，约翰·科特博士基于此建立的八步变革流程在商业领域已经广泛应用了40多年。这个流程聚焦于建立一致的、全面的方式来改变一个组织，并让员工有效参与其中。

根据演讲的语境，我们基于科特博士的成果提炼出一个简化为四步的流程，以便你在连接受众的演讲中使用。通过参考这四个步骤，我们用信息交流来推动持续性行为改变的概率就能进一步提升。演讲可能不是变革的唯一路径，但是可以在其中担任重要角色。

让我们来看看这四个步骤：

1.有一个"燃烧的平台"（不改变就会被淘汰）。燃烧的平台是变革的有力因素，如果你要求人们改变，就要让他们理解改变的重要性。构筑强有力的"为什么"，是管理者常常忽视的演讲要素。如果没能给改变提出一个强有力的原因，那受众就很可能认为改变并不是重要的优先事项。为了就燃烧的平台进行交流，你可以将实现变革后的积极成果，或者没有实现的消极后果阐述给受众。

2.建立一个清晰的、共有的未来愿景。一旦人们认识到了改变的重要性和紧迫性，接下来就要了解前进的方向：成功实施变革之后的未来会是什么样子的？如果我们只陈述了变革的原因，而没有仔细描绘成功后的愿景，那么受众很有可能在行动开始后缺乏长期的执行力，因为他们对于未来的方向并没有透彻的认知。仔细考量一下，你要如何把未来蓝图描述得足够清晰、具有吸引力，帮助受众看到他们在其中的角色。

3.确认改变的能力。如果你要求受众参与变革，那么在清楚了变革的原因、看到了未来的图景后，他们马上会想到的问题就是"我有改变的能力吗？"这个问题也许是技能、行为层面的，也许是想象力边界层面的。除非受众感受得到自己拥有按照你的期望来改变的能力，不然就会倍觉沮丧：他们了解原因也看得到愿景，但觉得缺乏能力去改变。思考一下：变革的成功实施需要哪些能力或行动？你的团队已经有这些能力了，还是需要一些帮助与支持？

4.提供清晰的初步指示。若要为了既定的方向开启变革流程，并希望受众能参与到支撑性的行动中来，则应该给出清晰的初步指示。没有对初始步骤给予明确指示的话，就面临着每个个体面对同一目标做出不同行动的风险。这样可能会降低成功的概率，并让过程难以评估和管理。

下面的图表总结了以上四个步骤，并列出了缺失任一步骤的后果。

燃烧的平台	+ 清晰/共有的愿景	+ 改变的能力	+ 清晰的初步指示	=	变革
没有燃烧的平台	+ 清晰/共有的愿景	+ 改变的能力	+ 清晰的初步指示	=	没有优先事项
燃烧的平台	+ 没有清晰/共有的愿景	+ 改变的能力	+ 清晰的初步指示	=	起步快,无后劲
燃烧的平台	+ 清晰/共有的愿景	+ 没有改变的能力	+ 清晰的初步指示	=	沮丧感
燃烧的平台	+ 清晰/共有的愿景	+ 改变的能力	+ 没有清晰的初步指示	=	缺乏协作

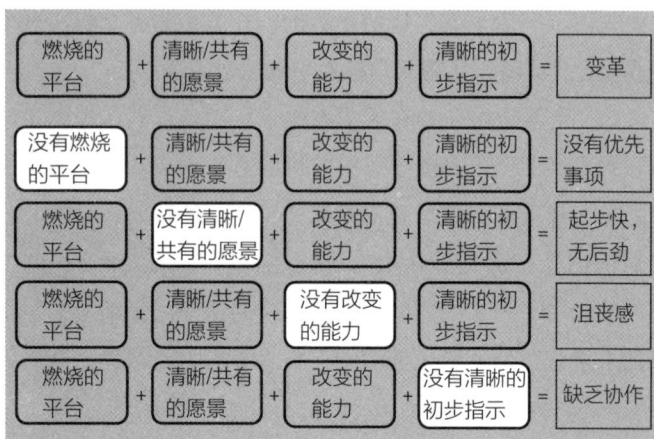

以上这些信息,对于你的演讲而言意味着什么?

　　了解人们对于重大变革可能产生的反应,并思考为确保变革所进行的沟通的关键性因素,这样可以帮助我们更好地规划与准备演讲。根据所寻求变革的类型与程度不同,要在一次演讲中囊括所有事情有时会不太现实。是的,引领重大变革往往需要很多时间。

引领重大变革往往需要很多时间。

　　当你的演讲旨在改变受众的想法和行为时,有几件事情要时刻谨记。

　　1.引领受众节奏至关重要——他们需要感受到,你对他们的现状有真实的共情心理,并且理解重要的改变往往会带来不适感。

2.为了避免看起来不够真诚，一定要预留足够的时间来适当地引领受众的节奏。

3.考虑好变革的力度和人们适应与过渡所需要的时间。切勿急于求成，以免事与愿违。

4.思考上图中四个与改变有关的因素。我们是否建立了足够令人信服的燃烧的平台，让受众能真正参与其中？在演讲开始时就留出时间来执行这一条。有太多的演讲者急于介绍"是什么"，而没有解释清楚"为什么"。如果不能传达一个强有力的"为什么"，那受众很可能不会留意任何细节了。

5.花点时间来描绘未来的愿景：在变革成功后，一切会从哪些方面变得更好？也许对于你而言答案显而易见，但对于受众则并非如此。如果这项工作没做好，受众可能无法仔细聆听演讲的细节。

6.从具体细节考虑，想要受众如何开始行动，并把这个问题当作变革的第一个里程碑。想象一下自己的车坏了，我们要把它推出路面。一开始总是很难推动，但只要车动了，就很容易继续向前了。

摘　要

◇ 对于多数人而言改变都是不舒服的，所以我们要在演讲中正视这一点。

◇ 库布勒-罗斯改变曲线阐述了人们面临重大变革时所经历的几个阶段，它告诉我们，震惊、否认和沮丧（以及其他类似情绪）都是完全正常的。比起逃避，正视这些情绪并且帮助团队度过变革期才是正确的选择。

◇ 当你的演讲旨在改变受众想法时，请思考对于持续性变革而言很重要的四个步骤：一个燃烧的平台，一个清晰且共有的愿景，改变的能力（就受众的角度而言）和清晰的初步行动指示。

◇ 如果没有能有效沟通的燃烧的平台，即变革的原因，那么你的团队就不会把它当成优先事项。

◇ 如果没能就清晰和共有的未来愿景（变革成功后的环境）达成共识，那么你的团队可能起步很快但后劲不足。

◇ 如果没能让每个个体都相信自己的执行能力，那么你很快就能感受到他们的沮丧。

◇ 如果没能给出清晰的初步行动指示，那么你的团队很可能无法协作，从而让变革过程难以管理。

◇ 正视重大变革所需要的时间。切勿急于求成，指望演讲能一蹴而就。

第四章

Chapter Four

传达最佳效果

用C³影响力模型来达成最佳表现

作为演讲者，你的影响力有多大？如何通过正面影响受众，让他们倍感激励、轻松吸收、付诸行动并且提升工作时的表现？事实表明，很多时候我们都是在无意识的层面受到外界影响的。有一部字典对影响的定义就是："通过极细微或无形的手段，对个体或者群体产生作用。"

那么，"极细微或无形的手段"具体是什么呢？作为管理者，我们必须有意识地去了解，为了获得群体性支持需要做些什么。你既不能依赖于演讲的结构、一个充满逻辑性和客观性的论据，或也不能依赖你在组织中的职位。现如今，很多人都缺乏对权威的顺从，所以你要去主动赢取影响他人的权利。一种实用的看待演讲的方式，是将其视作向受众推介自己与自身想法的机会。

一种实用的看待演讲的方式，是将其视作向受众推介自己与自身想法的机会。

练　习

回忆一次最近参加过且认为嘉宾很有影响力的演讲，你觉得是什么让自己对其产生了这种判断？

让自己置身于消费者的角色。回忆在过去六个月中，你想要购买一个产品或者服务的场景——你是真的需要这个产品或服务，不需要推销。也许要购买的是车、电脑或者最新款手机，总之你正准备在商店里下单，但是因为服务很差，什么都没买就离开了。消费者研究一再确认，如果消费者在购买某种产品时对服务不满意的话，他们会去别的商店，并愿意为更好的服务付出更高的价格。但是与此同时，在我们真的购买了之后，又可能产生懊悔情绪，因为事后发觉自己并不需要这个产品或是服务。这个过程中，到底发生了些什么？

总的来说，我们将销售人员与意向产品混为一谈了，两者成了难分彼此的东西。这背后的心理学是至关重要的，因为当我们作为管理者演讲时，也会出现同样的过程。在受众眼中，你和你的演讲内容也会被视为一体。如果内容构建得很好，但你表达不佳，那内容也会被视作一般。虽然我们偶尔也会去听一些表达和影响力技巧都不太令人满意的演讲，但那往往是因为对其主题信息的需求十分迫切，或者演讲者是该领域著名的专家。

你无法不产生影响：演讲时，我们一直都在散发影响力。但如果想要更长久地影响更广泛的人群，在演讲中就应该注意三个因素。我们把这叫作C³影响力模型。

C³影响力模型

2009年，我们在为第一本书《完美销售》做研究时建立了这个模型。这本书的销量超过6万册，被翻译成了12种语言。在准备过程中，我们采访了150多位顶级销售人员，提炼出成就他们的核心技巧、行为和精神状态。在这个基准上，我们识别出了三个核心因素：

1.自信感（Confidence）＝你在演讲中的状态和对自身影响能力的信任。

2.公信力（Credibility）＝诚挚可靠、严谨有信：这种特质会借由你的知识、经验和专业水平传达出来，也可能会源自身体语言和音调。

3.关联性（Connection）＝这种与受众之间和谐的亲切感是至关重要的，如果受众喜欢你，产生积极影响的可能性则更高。

之所以是C的立方，是因为当我们在受众面前同时拥有这三个因素时，影响力也会呈指数增长。如果只有其中两项，影响力也会相应变小。从本质上讲，我们创造影响的能力是以理解和树立这些基础因素为中心的，只要做到就自然而然会拥有领导魅力。

我们把C³影响力模型传授给了数以千计的人士，他们在各个岗位上均想要增强自身的影响力。我们也把这个模型分享给了管理者、学员、销售人员、经理，以及其他想要更高效演讲的人士。它不仅很好掌握，也易于即刻开始使用。

在下面的章节中，我们会帮助你学习如何培养这三种特质，以确保面对任何演讲、任何受众的时候都能从容应对。我们将先从自信感开始。

摘　要

◇ 有一部字典对影响的定义是："通过极细微或无形的手段，对个体或者群体产生作用。"

◇ 你不能依赖于结构、逻辑、客观依据或者自己在组织中的状态。

◇ 你无法不产生影响：演讲时我们一直都在散发影响力。

◇ C³影响力模型由三个组成部分，每一个都对演讲非常重要——自信感、公信力和关联性。

◇ 之所以是C的立方，是因为当我们在受众面前同时拥有这三个因素时，影响力也会呈指数增长。

第12节

如何成为一名既自信又有魅力的演讲者

演讲者分为两种类型：一种很紧张，一种谎称自己不紧张。

——马克·吐温

最近我们参与了一家律所内部的合伙人会议，其中一位上台进行了演讲。我们在一旁观察发现，他的行为十分有趣。还在候场的时候，早前他喝咖啡聊天时的自信举止就消失了。他踌躇地走上台，看似严肃冷峻，然后进行了一场乏味又无趣的演讲，全程站在讲台后，保持着面无微笑和十分拘谨的身体语言。但是演讲一结束，他回到座位上，马上恢复成了那个自信的管理者，跟同僚谈笑风生。一分钟之差，判若两人！当然，现在我们无法追溯他在演讲前及演讲中发生了些什么，但他确实没有表现出自信感，这肯定会影响到受众对他的看法和反应。演讲过程中存在着某种干扰，让他对团队演讲时，没有表现出领导应有的风范，也没能尽己所能地展现自己。

练 习

如果你认为自信是长期困扰自己的问题，那么花几分钟回忆一下，在最近的演讲中，自己经历了哪些因为害怕或紧张而产生的肢体表现？具体表现在哪儿？双手、呼吸、胃部、后颈僵硬、结巴还是呼吸急促？

著名的演员及领导者劳伦斯·奥利弗过去经常站在后台咒骂受众是"杂种"，并因为舞台恐惧而瘫倒麻痹；史蒂芬·弗雷曾经因为无法控制自己对于《狱友》首演的紧张感，而逃离英国躲到比利时；空军特勤领袖兼政党领导帕迪·阿什当也在自传中写到，他曾因为要在"首相质询时间"中登场而被恐惧感吞噬。最近，我们合作过的一位富时指数100公司的首席执行官，在一对一咨询中承认，因为演讲时缺乏自信，他总是尽可能避开演讲或是让二把手替他去。所以，如果在演讲中感到紧张或是恐惧，你并不孤独。本节会致力于为作为管理者的你提供实用的建议，以使你早日在演讲中达到游刃有余的状态。

练 习

你具体在害怕些什么？是什么使你紧张？细细回忆一下，并列出一张清单。

以下是我们在培训和一对一教学中，从各个管理者处收集而来的常见紧张原因：

◇ 词穷。

◇ 看起来很蠢。

◇ 被问到很难回答的问题。

◇ 被尖锐质问。

◇ 遗漏重要信息。

◇ 受众进入反对状态。

◇ 被视作无聊的演讲者。

◇ 无法逻辑自洽。

◇ 来自同人、领导或下属的评判。

大部分人对于公共演讲都存在或多或少的恐惧感，而且谁都不愿意看上去像个傻瓜！

让我们从最基础的问题开始。任何演讲，不管面对什么人群、时间长短，本质上都是一场表演，这是我们无法回避的。所以，就像演员或者音乐人一样，你需要找到游刃有余的表演状态。

就像演员或者音乐人一样，你需要找到游刃有余的表演状态。

何谓状态？状态就是当你在执行一项特定任务时的存在方式——此处所说的任务是演讲。状态是由价值观、情绪、想法和生理机能等一系列因素决定的。演讲时游刃有余的状态通常是指冷静、坚决、保持聚精会神。相反，不那么游刃有余的状态则包括恐惧、焦虑、感觉准备不足。

一般情况下我们总是把状态与否定词连用，比如说"他今天的状态还不错"，或者"她早上一起床就状态不对"，等等。在普通的一天里，我们会经历很多不同的状态，可能会从兴奋、焦虑、无聊，到快乐、好奇和自信等。演讲的时候，状态是至关重要的。但是令人意外的是，总结出一套方法来确保自己有自信、有准备面对任何群体演讲的管理者少之又少。很多企业领袖都承认，他们在演讲十分顺利时，脑子里是毫无杂念的。如果你的状态是积极而自信的，那么你必然会拥有更加开放的心态和更强的适应性，随时可以调整风格。反之，如果你过于焦虑或者慌张，肯定不利于呈现一个自信、坚决和脚踏实地的形象。

在我们与企业家及其他演讲者的合作中发现，大家最想拥有的状态就是自信。有趣的是，我们合作过的大部分管理者在日常工作中已经非常自信了。但是他们发觉这份自信感在很多时候都会消失，比如在高利害性的背景下进行演讲时。自信感也是视情况而定的，你也许在自己工作的大部分时间都很自信，但是在高利害性环境中，往往都会发现自己还是缺少必需的信心。

本节主要探讨如何在特定情境中建立必要的自信感，使你可以在高利害性环境中也能有效地进行演讲。

自信感分为两种类型：

1.深度自信。源自价值观和经验以及对自身能力与知识的内在自信感，是你跨出舒适圈不断练习而获得的。

2.表层自信。特定时刻中能保持的自信感，可以通过某些技巧建立（下文详述）。

深度自信

作为管理者，大部分时候我们都能得偿所愿，提出的想法能带来一定的参与度，与他人交流起来也得心应手。要在一场影响甚广的演讲中保持高效，表层的自信当然有益，但最理想的还是深度自信。

很多顶级的运动选手聘用运动心理学家来帮助他们练习胜者的心理状态。举例而言，一流高尔夫选手和世界排名第100名的高尔夫选手之间，每轮只有一击之差，他们的实力是非常接近的。所以，决定性的因素就在于谁能在关键时刻挥出结束比赛的那一杆。这种能力既和肌肉记忆有关，也跟选手对自己决胜力的信心有关。尽管最棒的高尔夫选手也有崩溃的时刻，但决出伟大冠军的关键就在于他们的心态。

决出伟大冠军的关键就在于他们的心态。

在2011年的大师赛中，冠军高尔夫选手罗里·麦基尔罗伊在领先5杆进入最后一轮的优势下，意外地输掉了比赛。在还剩8个洞时，罗里·麦基尔罗伊还遥遥领先，但这位21岁的年轻选手随后经历了一连串不太好看的击球，心态彻底崩了。他最终得分80，输掉10杆，并列获得第15名。比起聚焦在尚且有用的想法上（为每次挥杆做好准备），他貌似被"整个高尔夫界都在观察接下来的每一次击球"这种显而易见的压力困住了（毫无必要的想法）。当运动员停止"为赢而战"，而开始"为了不输而战"时，往往都会被增长的焦虑、降低的自信和丢失的聚焦困扰。在麦基尔罗伊的例子里，他所经历的恐惧和自我怀疑带来了高度的焦虑，在肢体上表现为肌肉紧张、呼吸短促、满头大汗、心跳加速和忐忑不安，是自身的紧张打败了他。当时，很多评论员的第一反应都说这场比赛是毁灭性的，会极大地打击他的自信心，要赢得一场重要巡回赛将变得异常艰难。然而，看到赛后采访，我们发现他的反应异常乐观，完全可以看出他想把这份经验变成教训、重新出发的心情。他说：

接下来几天对于我而言会很难熬，但一切都会过去的。人生还有许多更糟糕的事情，比起其他人所经历的低谷而言，在一场高尔夫巡回赛的最后一轮表现糟糕并不是什么大事。

听听他话里所表现出来的核心信念。仅仅两个月之后，他在2011年美国公开赛上以8杆取胜，这就是最好的回应。现在罗里·麦基尔罗伊已经是多项主要赛事的冠军了，就像历史上的伟大选手尼克劳斯、巴列斯特罗斯、福尔多和普莱耶等人一样，他保持了最正确的心态。在追寻更多赛事头衔的过程中，他十分明确自己掌控心态的能力才是最关键的。

第二个建立深度自信的关键因素是用练习克服不适。每次我们演讲培训课程的结束语，都是鼓励大家离开后一定要多多练习。只要你不断地审视自身表现、寻求他人反馈，演讲的次数越多，你的进步就会越大。

几年前，我们决定要面向更广泛的受众做更多大会演讲，这就是我们建立"汤姆和杰瑞"式品牌的开端。当时我们大规模演讲的经验能用一只手数完，但是经过一年时间和20场大会演讲后，我们明显地感觉到了深度自信。当然，在这个过程中彩排也非常重要。与企业合作进行演讲技巧培训时，我们每次都因管理者欠缺足够的彩排时间而感到意外。练习和彩排是失败最大的敌人。你最好不要对着镜子彩排，那种感觉既不愉快又让人分神。理想状态下，我们应该在自己即将演讲的那个场地彩排。如果有人来进行反馈会更好，不管是演讲教练还是团队成员都行。指出你想要接收反馈的部分，把自负心留在门外。有效的彩排能够让我们更精准地把握时间、提升内容和深层次的自信感。

练习和彩排是失败最大的敌人。

表层自信

你有没有出现过被紧张感打败的情况？大部分人都能找出某个自身表演被紧张破坏的场合、经历或者时刻，不论是呼吸紧促、后颈僵硬、语速加快还是音调变高，其原因都很简单：如果你在演讲时不够自信，就会受到双重打击。一方面，你会关注自己更甚于关注受众，这将削弱表现力；另一方面，你缺乏自信的心理会由身体语言、说话方式表现出来，受众会下意识地注意到这些，然后开始怀疑演讲内容的正确性。

练　习

花点时间问问自己，在一个理想的情况下，你希望自己在演讲时处于什么状态？可以是冷静、自控、共情、吸引人等，从演讲结束部分开始思考。

然后，关键就在于正确引导自己的紧张感。如果我们在异常重要的演讲前，没有丝毫紧张感可言，那也许是有点自鸣得意了。所以，关键就在于掌控自己的紧张感，让心跳以合适的频率加快。当我们站在一群受众面前，急需进入自信的状态时，如何才能快速达到呢？

好消息是，有一系列的技巧、灵感和工具可以使用，它们能确保当你作为管理者演讲时，处于刚刚好的正确状态中。我们希望能为你带来尽可能多的办法，当你可以建立对自己有效的策略时，进入表演状态就会成为第二天性。所以，看看以下这些久经考验的观点里，有没有在实践中适合你的。我们曾经把这些办法传授给世界各地的商业领袖和经理人，以便他们能在演讲准备工作中予以整合。

当你可以建立对自己有效的策略时，进入表演状态就会成为第二天性。

用来进入状态、建立表层自信的工具与技巧

回忆一次正面的经验

让自己掌控自己的想法。想法是影响我们状态的最主要因素之一，所以自主选择想法（而不是成为负面想法的受害者）是一个建立自信的有效工具。

回忆一下你人生中三个积极的经验，然后选择最有共鸣的那一个。回到那个时刻，想想你看到了什么，谁跟你在一起，以及那种生动的、积极的感觉。也许现在感觉很不错了？这就是一个帮助你改变当下感受的简单技巧，可以在任何演讲前使用。记忆可以触发大脑释放内啡肽，使我们再次体验那种积极的感受。

可视化成功

很多人都体验过积极视觉记忆的力量。杰里米就记得以前作为欧莱雅的销售员时，曾参与过一次新产品的推广。冠军奖励是一台崭新的Mini Cooper汽车，这次推广的消息一公布，他仿佛就看见了自己把新车开回家的场面。这个未来的片段让他全力集中于赢得新车，并且

在不引起太大骚动的情况下开回家。当我们面对重要演讲时，常常反其道而行之。我们小题大做，往最坏的情况想——受众不会喜欢我，我会词穷，我会遇到答不上来的尖锐提问，他们最终会认为我能力不足。类似的想法我们都听过很多次。

所以，试试往另一个方向——想象一个成功的结果。这种方法在运动界广为应用，为什么韦恩·鲁尼、约翰尼·威尔金森和安迪·穆雷都在比赛前使用可视化方法？这种方法也能帮助作为商业领袖的你吗？

想象一个成功的结果。

视觉化已经正式成为备受渴望边际增益的精英运动员欢迎的技巧。利用想象力，他们的肌肉可以更好地为表现正确技巧而做准备，并为赢得竞争执行恰当的行动，这种技巧也会帮助他们更清晰地思考如何应对压力、情境和难题。你可以把这个视作"头脑热身"。

在英超比赛的前一天晚上，曼联前锋鲁尼通常会询问俱乐部的工作人员，第二天比赛会穿什么颜色的上衣、短裤和袜子。这并不是因为鲁尼追求时尚，想要跟靴子、内裤以及发色搭配，而是因为鲁尼需要通过司法鉴定级别的细节，来实现一个目的：为他们的心理准备增强准确性。

"我在比赛前夜躺在床上，想象自己成功射门或是表现极佳，"他曾经透露，"我想把自己置于那个时刻之下，然后试着准备好自己，并且在比赛前就有了'记忆'。"了解自己具体要穿哪套战服，能帮助他构建一个更丰富、更多细节和更真实的画面。"不论你叫它视觉化还是筑梦，我这辈子一直都在坚持这么做。"

对于鲁尼而言，运用想象力——创造和"彩排"积极的心理体验来增加成功概率的行为——是从童年就坚持的直觉性行为，从拳王阿里、迈克尔·菲尔普斯到杰西卡·恩尼斯-希尔、强尼·威尔金森都在使用这种方法。已故的阿里曾说过："我是最伟大的，在确信如此前我就这么说。我认为，如果讲得足够多就能说服全世界——我是最伟大的。"他还经常准确地预测对手何时会被击倒。与之相似，2012年伦敦奥运会前，杰西卡·恩尼斯-希尔就披露过："我使用视觉化的方法去思考完美的战术。如果我能把那个完美的影像植入大脑，那么它就很有可能影响我的身体表现。"

同样，强尼·威尔金森也经常在比赛前进行视觉化练习："你在创造图像、声音和味道，以及氛围、感受和紧张感，甚至包括一早的起床闹铃和忐忑不安的感受。这样可以帮助你的身体习惯于在压力下表现。"

"视觉化训练的重点，是要调动很多感官，例如听觉、视觉和味觉，"《竞赛计划》的作者、运动心理学家斯蒂文·布尔博士解释说，"使鲁尼这样的选手脱颖而出的，是他的想象力。当他想象射门时，可以感觉到自己的脚触碰到球、脚下草皮的味道和人群的欢呼。这种极其生动的想象力能够帮助运动员进行心理准备，然后提升自信心、聚焦力和思考速度，也可以帮助他们准备好面对任何场面：我如何应对人群？如果我们0比1落后怎么办？在某个条件下我会如何射门？这种想象力也可以帮助肌肉热身，在行动前做好准备。心理影像越生动，大脑能帮助肌肉在真实比赛中完成同样技巧的可能性就越大。"

心理彩排的确可以帮助到运动员，把他们的肌肉调整到最佳状态。

同理，这些精英运动员的方法，也非常适用于商业场合。视觉化的方法可以帮助我们更好地应对一次重要的股东会议，或者一场针对客户的提案。"体育与商业之间的需求有巨大的重合之处，"布尔博士总结过，"举例来说，如果你能很好地视觉化一场重要的商业演讲的真实细节，就可以对自己的姿势、身体语言以及如何应付焦虑感、奇怪的提问等各个方面进行准备。等到你走上讲台的那一瞬间，就会感觉更加自信。"

商业环境就像体育比赛一样，想象得越生动，结果就会越好。所以，想象一个成功的结局——受众们鼓掌、微笑，人们上前来祝贺你，客户给了你更多项目。先把视角放在自己身体里，想象自己传达了一次极有效果的演讲，再把视角放到会场的角落，看着你自己演讲。可以通过切换不同的视角进行这样的想象。确保我们像看电影一样看到彩色、明亮和生动的自己，把脑海中的画幅尽可能地扩大和全景化。感受自己成功进行演讲的愉悦感，别停下来，让自己沉浸其中。

商业环境就像体育比赛一样，想象得越生动，结果就会越好。

只有30分钟，演讲就要开始了……

以下这些建议，可供参考执行。

仰视

这是一个能够帮助头脑沉静、避免内心质疑的简单技巧。杰里米最近曾跟一个富时指数100的公司领导合作过，并且询问过他演讲开始前有没有什么习惯行为。他说会在演讲开始前，花几分钟翻一翻幻灯片。当被问及这种行为有什么影响时，他承认大多数时候这样做反而会更紧张。如果反之会更好，在开场前10分钟，如果是右撇子朝右上方仰视，左撇子则向左上方仰视。对于大多数人来说，这样做能使他们平静下来——对于演讲来说是很好的状态。

放松

从腰部折叠并垂下身体，这样可以完全放松下来。

把手肘肩膀向耳朵方向拉伸、放松，这样可以释放脖子和肩颈的紧张感。

用不发出声音的"O"和"E"来放松嘴唇，并重复十分钟。

打哈欠——嘴张得越大越好，这样可以放松你的喉咙和唇部。

呼吸

在压力状态下，我们的呼吸会下意识地变得更浅。放松靠后坐，把一只手放在肚子上，聚焦在自然呼吸的横膈膜上。用鼻子呼吸，数到五，再用嘴巴呼吸，数到十。如此重复十次，就会感觉更加平静。

倘若你真的理解呼吸的重要性，可以试试夏威夷卡胡纳祭司的"完全呼吸技巧"。原住民和婴儿都是这样呼吸的，也很容易学。通过练习，我们可以把它变成一种习惯。以下是方法：

1.站直，通过鼻孔稳定地吸气。通过逐渐挺胸的方式，从肺的底部开始填满，然后是中部，最后是上部。最后的动作中，下腹部会轻微蠕动。整个吸入过程是连续、平整和流动的。

2.屏住呼吸10秒钟。

3.通过嘴巴缓慢吐出空气，保持胸部平稳。

现在，你已经准备好进入聚光灯下，进行一场成功的演讲了。

摘　要

◇ 大部分管理者在面对演讲时，都会经历某种程度的恐惧和焦虑。

◇ 每次演讲都是一场表演。

◇ 状态就是当你在执行一项特定任务时的存在方式。

◇ 演讲时，你必须能够进入积极的状态，因为这会在有意无意之中影响到受众。

◇ 有两种类型的自信——深度自信与表层自信。

◇ 深度自信是从积极的心态和克服不适的练习中获得的。

◇ 避免在即将到来的演讲前崩溃。在脑海中视觉化一场成功演讲的结果及其细节，包括穆雷、威尔金森和鲁尼在内的许多精英运动员都是这么做的。

◇ 规划好演讲前30分钟要做些什么并进行测试，确保这套流程能在演讲时带给你自信感。

第13节

建立作为演讲者的公信力

很多企业和机构要求领导者的核心能力是稳重。稳重与公信力很相似，都是作为管理者需要在演讲时展现出来的特质。对于管理者而言，要获得受众的信任，意味着要传播正确的商业认知。认知是公信力的核心，展现恰当的认知并以正确的方式传达，必然会对你的演讲效果有所助益。所以，我们需要有如下认知：

◆ 演讲主题（技术信息或其他）。

◆ 你的组织。

◆ 策略。

◆ 你的部门。

◆ 市场。

◆ 你和组织正面临的挑战。

◆ 受众。

◆ 成果。

◆ 如何回答尖锐提问。

总而言之，认知是基石一样的存在，你要么已经拥有了，要么就要在准备过程中获取。那么，还有没有其他能够增加公信力的因素呢？

开场

开始一场演讲的方式对公信力有很大的影响。受众会对你在开场时的一切行为赋予含义——你的身体语言、自信感、互动的方式等。关于这一点，在第9节里能找到更多细节。

自我介绍的方式

根据受众不同，你有很多种介绍自己的方式。我们发现，演讲者往往都只花费一点点时间介绍自己。这是不对的，因为受众想要知道你是谁（如果他们还不知道的话）以及为什么你会在这儿。告诉他们：

◆ 你是谁。

◆ 为什么你是进行这场演讲的正确人选。

◆ 你做了哪些准备，以及进行调研及分析的方式。

◆ 你的经验将如何帮助到他们。

◆ 一些工作之外的逸事——这一点会帮助你连接受众（参见第14节）。

外表

不管喜不喜欢，我们的外表都会被别人评判。检查一遍，确保你在尽可能做到的范围内做到了最好，并且符合受众的期待。如果他们穿着休闲服装，你也要避免穿正装。

身体语言

我们演讲时的身体语言会直接影响到内容的传达以及受众的接收。身体的交流是不需要语言的，这意味着演讲者的一举一动，受众都会赋予含义。我们释放出的动作信号，可能会，也可能不会被我们想要影响的人群识别。非语言的信息会被用来加强、替换，甚至有时不幸地否定语言信息。关键点在于对自己的身体有完全的掌控，但我们的行为还是会削弱我们的个人影响。所以：

◆ 要把信息正确地传递出去，我们要注意哪些关键因素？
◆ 有哪些失误是可以轻易避免的？

我们认为最有用的指导就是提供实用建议，让身体语言和所交流的信息可以保持一致。时刻注意自己的特殊习惯和下意识动作，可以让你更好地与受众连接，并表现得自信。

我们演讲时的身体语言会直接影响到内容的传达以及受众的接收。

坐着还是站着?

作为管理者演讲时,我们应该坐着还是站着?给企业进行培训时,我们总会被问到这个问题,因为大部分人都比较适应坐着。选择坐或者站,会释放出非语言的信号,展现你的意图到底是树立权威还是产生连接。我们建议,如果是面对一小部分人、在会议室环境中的非正式演讲,或者是需要展现真实和深层的关系,又或是演讲内容简短且指向一场讨论,那么坐着是比较合适的选择。你也可以在演讲的某个阶段坐着,来鼓励受众进行小组讨论。

当然,很多管理者倾向于坐着的原因是让演讲更像一场对话,从而没有那么多正式演讲所带来的紧张感。但是,想想坐下时你放弃了些什么。如果一间房里所有人都坐着的话,那么唯独站立的那一位会拥有权威感。如果坐下就放弃了权威,并且让其他人有机会获取或者分享权威。结果就是,如果演讲者是坐着的,他或她就很难撑起整个场面。在最正式的演讲中,我们鼓励你保持站立,哪怕这对于你而言处于舒适区之外。

有些管理者在演讲时会使用讲台。在部分场合中,这么做是非常合适的,例如正式的媒体活动或者大型会议等舞台使用照明的场合。但其他多数场合中,我们建议你不要使用讲台,因为会造成你与受众之间的隔阂。如果可以自由移动,并与受众建立更亲密的连接,肯定是更好的选择。

在最正式的演讲中,我们鼓励你保持站立,哪怕这对于你而言处于舒适区之外。

站立姿势

当我们选择站着演讲时，务必确认自己的位置能被所有受众看到，切勿挡住投影仪，以免产生阴影。

大腿和脚不自觉的抖动，都会给受众传递出你很紧张的信号。我们目睹过演讲者在开场时摆出很多不合适的姿势，包括：

◆ 一只脚在前面：这是拴着的动物的姿势，意味着有节奏地走向受众又逃开。

◆ 将一只脚搭在另一只上，会使身体看起来变小。

◆ 抖动放松膝盖。

◆ 双脚过于并拢。

◆ 轮流单足跳跃。

◆ 持续毫无方向地踱步。

◆ 踮脚。

我们甚至接触过一位学员在演讲开场时，像鹳一样单脚站着！

所以在演讲一开始，一定要确保站姿恰当。双脚应该与肩同宽，脚尖面向受众，幻想从脚底下生出根来。使用这样的姿势，会被视作比较踏实并具有权威感。你是如何从物理上支撑身体的，就是如何从心理上支撑自己的。所以，打起精神站直了，避免无精打采，就会被视为一个自信又权威的人士。

你是如何从物理上支撑身体的，就是如何从心理上支撑自己的。

有些演讲者喜欢四处走动。有些人可能记得自己大学时期的讲师，他们喜欢从大教室前面到后面来回走动，这样不仅催眠，还会降低内容的冲击力。我们记得有一位培训学员经常走到受众里去，这样对吸引注意力确实有效。也可以利用受众面前的空间，来强调演讲中的重点。这种技巧叫作舞台锚定。如果演讲是关于过去、现在与未来的线性结构，那么这种技巧就非常适用。站在不同位置来讲话，能使你的内容更加动态化和便于记忆。在我们的网站上，有展示舞台锚定如何运用的视频。

眼神交流

眼神就是一切！俗话说，眼睛是心灵的窗户。我们通过眼神来传递情绪，所以眼神交流对于强化和受众的连接感是至关重要的。

下意识里，没人想要站着演讲，暴露在外边，接受别人的评判，你可能会像处于一辆拥挤的列车或者电梯上一样，眼神到处闪躲，因为如果你不看对方，就用不着交流。但是，作为演讲者，我们必须以对待挚友一样沉稳而投入的神态，用眼神正面交流，而不是像只吓坏了的兔子一样到处寻找求生路径。

避免一直看着：

◆ 视觉展示材料。
◆ 地板或天花板。

◆ 笔记。
◆ 在场最资深的人士。
◆ 在场最友好的人士。
◆ 窗户外。

在一般的对话中，逃避眼神交流的人有时会被视作贼眉鼠眼的或紧张的。看着受众，才能展示出你对他们的兴趣，并帮助他们聚焦在讲话上——因为他们能感受到演讲者很关注自己的反应。眼神交流还能帮助你将受众视作独立的个体，并产生关联与回应。此外，权威人士通常会比不那么自信的人给出更多的眼神交流。

看着受众，才能展示出你对他们的兴趣，并帮助他们聚焦在讲话上——因为他们能感受到演讲者很关注自己的反应。

我们要避免眼神仅仅掠过受众、眼神交流太短暂，同理，盯着一个人太久也不太好。我们的某些学员建议可以在受众里找到一张友好的面孔，然后聚焦在这个人身上。这是一个相当差的建议。在演讲开场时领先一步的方法，是在说两句话的时间内，就看向尽可能多的受众。尽管听上去很荒谬，但你一定要记住这一点！

面部表情

当我们跟企业管理者们合作，协助他们改善演讲技巧时，他们大多看起来认真严厉。这主要是因为他们处于一种并不利于有效演讲的状态。你也许感觉很焦虑、紧张或者没自信，但最好的选择还是要保持微笑，看上去十分享受自己正在做的事情。有些演讲可能会要求你保持严肃，但大部分还是需要我们看起来非常享受讲台。你的"我很快乐"表情是怎样的？如果演讲者被受众吓到了，这种情绪会在脸上体现出来。杰里米记得有一次向董事会汇报时，他就没把控好这一点。之后他在某个地方读到，如果把受众想象成戴着唐老鸭帽子的样子，或者坐在马桶上的样子，就会好过很多。不论如何，下一次他对同一群人演讲时，应该能轻松微笑了。

如果我们能保持微笑，大部分受众也会回以微笑。微笑同样也能让我们放松，因为需要使用到脸部的26块肌肉。

如果我们能保持微笑，大部分受众也会回以微笑。

双手

静止姿势是指开始演讲和没有手势时，我们所使用的姿势。

以下这些手部动作切勿使用：

◆ 双手插在口袋中。这种姿势会被解读为过于休闲，暗示你并不严肃，从而降低公信力。

◆ 一只手放在口袋中。这种姿势也会看上去太休闲而且不太平衡，但是比双手插在袋中好一点。

◆ 双手背在身后。这种姿势过于权威，容易令人想起警察、军队或者皇室。

◆ 祈祷姿势，即双手紧握放在胸口。这种姿势会给受众留下紧张、僵硬的印象。

◆ 双手抱胸。受众会认为你处于防御和封闭的状态，会留下紧张的印象。

◆ 单手叉腰。看上去不平衡。

◆ 双手放在腹股沟位置上方。这是足球运动员的人墙姿势，看上去过于自我防护和封闭。

◆ 摆弄。避免摆弄指甲、戒指、袖扣、扣子或者口袋里的硬币（演讲前拿走所有硬币！）。

以上所有下意识的动作，都是因为紧张而产生的行为模式。除此之外，还要避免手持任何东西，除非是控制幻灯片的遥控器。

最好的开场姿势是中性的姿势，这样才能把受众的注意力转移到你所说的内容上来。有两种姿势是中性的，一种是把双手放在两侧，另一种是把一只手自然地放在腹部之上。之所以叫作静止姿势，是因为双手可以从这个姿势出发，然后在没有动作的时候又回到这个姿势。以上两个姿势都是有效的静止姿势，可以随意选择。不妨在接下来的演讲中一一尝试，找到最适合你的那一种。

手势

尽管在开场和结束时保持静止姿势（双脚与肩同宽，双臂自然垂下）非常重要，但是双臂一直没什么动作的话，则会显得有点呆板。

有些演讲者的手势比其他人多，这与大家不同的风格、习惯和文化有关。当我们在意大利或者南美工作时，很容易发现当地演讲者经常使用大幅度的手势。但是，手势在信息沟通中扮演的角色重要吗？

最近对成功的TED演讲的研究，揭露了一个很有趣的事实：使用到双手及手臂的姿势越多，演讲就会越成功。一场TED演讲的观看数，与演讲者整个手臂使用到的姿势数量，呈现正相关的趋势。

排名较低的TED演讲，平均观看数约为124 000次，演讲者在18分钟的演讲中平均使用了272个手势。排名很高的TED演讲则拥有平均7 360 000次的观看数，使用了平均465个手势——几乎是两倍的手势数量！这意味着什么？手势是用来展示与建立信任的非语言方式，有研究表明，当我们看到别人的双手时，更容易产生信任感。同样，当对方运用双手来解释一个概念时，我们会更容易理解。善用手势的演讲者是在两个层面上与受众沟通——语言和非语言。所以，想要成为一个优秀的演讲者，一定要让你的双臂和双手来参与演讲。

想要成为一个优秀的演讲者，一定要让你的双臂和双手来参与演讲。

我们的手势应当与说的内容协调，并自然地给语言划重点。有些演讲者在做手势的时候没有使用到整个手臂，他们的肘关节好像被魔术贴给粘住了。这些人可能没那么善于表现，抑或是更加容易害羞和紧张，从而使得自然的身体动作被限制了。请记住，整个手臂都应该参与到手势表达中，而不仅局限于毫无意义的手部动作。

如果想让自己看上去更有公信力，一个简单的方法就是在做手势时保持手心朝下。

可能很多人都注意到了，多数政客在演讲时都是这么做的。如果使用手心朝下的动作，并搭配重要句尾轻轻地低头，你可能会在不知不觉中强化了你的公信力。

　　反之亦然，如果想要与受众产生更亲密的关联性，那么就应该手心朝上，这样会自然地引发共鸣。手心朝上是一种表达顺从、无侵略性的姿势，从一种渐进的视角看来，这种姿势与街头的乞讨者相似，表示做手势的人没有任何武器。当你抛出问题或者希望受众提出自己的想法时，是非常适合使用手心朝上的姿势的。

摘　要

◇ 认知是公信力的核心。

◇ 如果想要展现力量与权威的话，最好站着演讲。

◇ 开始演讲时，确认自己站姿恰当。

◇ 第一时间与受众产生眼神交流。

◇ 微笑不仅可以放松自己，也可以放松受众。

◇ 务必使用一个中性的静止姿势，双手放在身体两侧或者自然地放在腹部都可以。

◇ 使用大幅度的手势可以进一步增加内容的分量。

第14节

连接每一位受众

　　作为商业领域的演讲者，我们必须与参与者保持同一个频率。当人们相遇时，彼此连接是自然发生的事情。有时候连接感是不由自主产生的，但是也可以用一些具体的技巧和行为来加强，提高我们作为沟通者和影响者的效率。

　　连接（或者说融洽的关系）是高效演讲的基础。融洽的关系是个人影响力产生作用的前提，如果学会了这些关键技巧，就能对其更有掌控力，也能自然地影响他人。当你与受众关系融洽时，他们会更具包容性，更少批判心理，不太容易产生异议的同时，也更有可能接受你的观点。

融洽的关系是个人影响力产生作用的前提。

　　连接，意味着把自己的沟通方式与受众的接收方式协同起来。它可以确保你所传达的信息就是受众所收到的信息，也能增加人与人之间相处的信任感和舒适度。所以，我们应该尽可能使用引发共鸣的语

言，比起术语，大多数人能听懂的通俗用语更好。

人们倾向于站在同类人的那一边。常见的例子就是我们比较容易对自己熟悉且喜欢的人做出允诺。所以，如果要表现出自己很了解受众的世界，就要明白他们的语言与面临的挑战。

在商业的语境下，你所做的交流自有其目的——影响他人、传授新的信息或技能、说服对方改变、阐释一种新的策略或者推动建立新的行为与技能。

以下是与受众建立连接的十大方式：

1.利用一切可能的渠道来进一步了解受众。挖掘的信息越多越好，包括他们的偏好、喜恶、内部的党派、层级关系。

2.保持对受众的高度聚焦。这意味着在演讲的这段时间内要完全沉浸其中，抛开脑海中的一切其他事物。

3.与尽可能多的受众握手或者交谈。这样的行为不仅能与他们快速产生连接，更有助于知道他们的名字并立刻用上。

4.以阅读理解类的提问来了解受众心理。包括"我讲明白了吗？""你怎么看？""在这一点上有没有什么疑惑的地方？"等。

5.玩得开心。大部分人在乐趣中能更好地消化和学习，所以哪怕在演讲主题很刁钻的情况下，也别忘了举重若轻。

6.运用幽默。不需要你去做笑星，但在演讲过程中要对幽默持有开放的心态。能让受众微笑是件好事，也能更自然地帮助他们放松。关键点在于接受幽默，并在合适的时机展现它。不要介意自揭短处，自嘲型的段子往往效果最好。效果好的幽默，不仅能催生笑容和积极的氛围，还可以：

◆ 展现演讲者既放松又游刃有余的形象。

◆ 帮助受众放松心态，特别是少数容易感到紧张的人。

◆ 与受众群体建立连接。

◆ 保持受众对主题的兴趣与聚焦。

◆ 将尴尬的时刻化解为欢乐的体验。

◆ 成为增进学习力、创意力和记忆力的有效工具。

7.对你本人及自身性格保持开放——不吝于展露一部分真实的自我，并运用自身经验来支撑理念。

8.找到共同兴趣——如果受众中大部分人都对运动、美食或者旅行感兴趣，不妨多说一些有关这些话题的故事。

9.记住名字——有很多技巧能帮上忙。我们建议可以马上就使用对方的名字，并且（在我们的脑海中）将他们的名片贴在他们的额头上。

10.保持好奇心，多提问——搞清楚受众的想法，探究他们在哪些方面有显而易见的兴趣，充分利用他们丰富的经验。

练　习

花点时间回忆一下，过去这几个月里听过的、印象深刻的2—3个故事。在你想起这些故事的时候，思考一下在何种语境下，你可以用到这些故事来支撑和增加演讲的吸引力和冲击力。

作为企业管理者，与受众产生连接最有力的方式可能就是讲故事了。讲故事这门古老的艺术可以改变我们思考、行动和感受的方法，在任何文化中都同样有效。对于领导者而言尤甚，他们可以运用一个好故事的力量来影响和激励团队投身于行动。故事可以是鼓舞人心的，既能创造出整个公司文化所倚赖的传奇，也有消除隔阂、转危为安的力量。如果你能把故事讲得激情四射，就能实现捕捉想象和美梦成真的效果，这是冷冰冰的事实所无法达到的。我们分享故事，是为了告知、启发和娱乐，因为故事可以触及受众的想象与情绪。作为影响力工具，故事的力量可以是非常、非常强大的。顶尖的领导者都深谙此道，今时今日，很多一流首席执行官、政客和专业演讲家都通过故事来表达重点和推销自己的想法。

作为企业管理者，与受众产生连接最有力的方式可能就是讲故事了。

我们所说的故事，指的是真实的个人逸事，包括那些你从其他演讲者处听来的逸事、企业研报、比喻、寓言、类比，以及成果引用。以上这些材料，能给所有的商务沟通增色固本，只要使用恰当，就可以把任何演讲变得生动。为什么讲故事是影响他人必不可少的途径呢？从本质上看，故事的力量从一出生就刻入了我们的脑海。我们总是在听故事——来自父母、祖父母、老师和小伙伴。故事是我们作为人类的基本构成，使我们与过往紧密连接，并留存住教会我们为人处事、使得我们会心一笑的信息。如果你也为人父母了，应该就能懂得睡前故事的魔力，也会注意到当你说出"很久很久以前"的那一刻，孩子脸上神情的变化。

任何受众的最佳状态都是好奇，而故事则能调动参与者的好奇心。不管篇幅长短，你都能观察到他们逐渐放松，有时候为微小线索所吸引，留心地聆听故事。如果你在演讲中准备了不少故事，肯定就能保证高度的好奇心，从而让演讲内容更容易被接受。

我们所说的故事，指的是一种整理信息的方式。首先要有结构——开头、中段、结尾。要串联起一系列的事件，能够调动人的积极性，让演讲者在传达必要信息的同时，避免说教或过度说服别人。这是一种幌子似的功能，把想说的东西换上平易近人的包装，时不时还能让我们触及更深层的意义。

当然，故事（尤其是发生在自己身上的）对于演讲者来说很容易记住，此外还有一个好处，就是激发受众的情绪。故事能使人产生快乐、悲伤、失望、积极，以及期待的感受，更重要的是，情绪有助于激发行动。换句话说，我们更容易实现所有演讲的隐藏目的之一——激励人们改变。最好的故事可以让受众在有意识和无意识的层面上都产生变化。当你利用故事吸引受众到达了一个情绪层面，他们就更有可能记住你和你的理念。想想20世纪最伟大的讲故事的人——例如马丁·路德·金、甘地、曼德拉和丘吉尔，他们都通过故事激励大众去行动。

下面的表格列出了演讲中可能适合用到故事的节点和原因：

什么时候使用故事？	为什么？
开头	引发好奇，奠定基调，调动思考，确立主题
澄清事实和数据，增添证言	支撑和强调内容或理论——故事可以让复杂的观点变得易于接受，更具娱乐性
需要树立公信力	新的受众可能尚未相信你能教给他们什么东西——选择一个故事来佐证自己的专业能力
与受众建立连接	表现出你能理解受众并建立融洽的关系——如果故事出自个人经验，则能帮助你获得共情、信任，并消解隔阂

续表

什么时候使用故事?	为什么?
需要说服对方	当一个观点以故事而非数据的形式表现出来时,人们会更容易接受——比如,广告就经常使用叙事的方法来说服你购买某个产品或服务
挑战某个人或群体	有时候受众会局限于从众心理,不接受做事的新方法——个体可能会守着受限的观念,从而无法进步
示范如何做或不做某件事	让主题生动有趣,有助于让受众相信其是有可能实现的——故事能促进实践,所以可能的话,应该让受众也一起分享他们的故事
演讲结尾	链接最后的信息,并反馈到工作当中

关于讲故事的具体方法,以下是一些建议。想用故事来拔高自己的演讲时,不妨考虑一下这些主意:

◆ 关注受众。每个演讲都应该聚焦于受众的需求。仔细思考,什么东西对眼前的这群人最有效果。

◆ 直奔主题。用足够的细节来吸引受众,但注意不要偏离主旨。如果你无法推动故事直奔主题,可能会失去听众。

◆ 做自己。一流的故事是演讲者用心演绎的,所以,不要试图表演一些自己感受不到的情绪。

◆ 创造栩栩如生的体验。充分挖掘自己的词汇库,展示出你所描绘的图景,而非机械输出。试着将五感纳入每个故事:味觉、触觉、视觉、听觉和嗅觉,它们能让故事变活。

◆ 练习。彩排、彩排、彩排。最重要的永远是练习直至拥有肌肉记忆。

◆ 使用讲故事的模型。试试故事-论点-利益模型。尽管讲故事时并不需要时刻保持精确，但对于部分受众而言，有效的方式是明确知晓故事的意图，以及按意图去做能获得什么好处。

◆ 尝试嵌套循环。这是神经语言程序学和催眠术中常用的工具，立足于开始一个故事但到了练习尾声才结束它。包括比利·康诺利、伍迪·艾伦、龙尼·科比特或雅姬·梅森在内的喜剧创作者，都经常使用这个套路。一个典型的嵌套循环结构如下：开启故事a—故事b—故事c，结束故事c—故事b—故事a。总的来说，如果你不完成故事，就导致了一个开环。理想状态下，在闭环之前，你要把理念和建议嵌入受众的潜意识中，这一招在我们的演讲需要解决变革和个人成长问题时十分适用。

那么，这里有个故事。如同一众优秀的故事那样，这个故事也有着不同的版本。有些版本里是卷毛狗，或者其他小型犬，而非吉娃娃。如果试图改变人们关于可能性的定义，或者强调创意型思维、快速思考、虚张声势或者勇气，你可以用这个故事来展现自信与高利害性环境中的决策能力。

一位女士在周末出游中带着自己的宠物吉娃娃，结果狗狗追逐着蝴蝶，不小心跑得太远，迷失在了大树下的草丛里。吉娃娃不久便开始呜呜哀叫。此时，一只看上去十分饥饿的猎豹出现了，情况变得更加糟糕。吉娃娃发现自己身处危险之中，它观察到地上有些新鲜骨头，于是便趴下来开始啃骨头，背对着猎豹。正当猎豹准备俯冲捕食时，吉娃娃咂巴着嘴，大声感叹："天哪！这猎豹可真美味，不知道附近还有没有。"

于是准备攻击的猎豹偃旗息鼓，偷偷摸摸地回到树丛里。

"呼，"猎豹松一口气，"好险——那只邪恶的小狗子差点抓住我。"

树上，一只猴子目睹了一切，觉得自己应该讨好一下猎豹，告诉它真相。吉娃娃看到猴子跟随猎豹而去，就预计到了它没安好心。

猎豹听了猴子的描述之后，它对自己被玩弄的事实感到十分生气，于是提出载猴子一程送它回去，并让猴子好好看看自己的复仇。

吉娃娃听到它俩靠近，害怕到了极点。大脑一阵高速运转后，吉娃娃又一次转过身，假装没发现它们。但当它俩靠近时，吉娃娃大声质问："那只猴子去哪儿了？不是说好了给我带只猎豹回来的吗？！"

如何回答受众的问题？

作为演讲者和企业领袖，我们应该如何应对受众的提问呢？注意，这个环节是一举赢得人心的地方。受众的问题要么能建立起你在他们心中的连接感和公信力，要么能彻底摧毁这两个东西。很多演讲者都害怕提问，经常故意避免进入提问环节。但人们往往都希望自己的个人忧虑或疑惑得到答案，所以我们应该尽我们所能地拥抱问题，并有效地回答。

受众的问题要么能建立起你在他们心中的连接感和公信力，要么能彻底摧毁这两个东西。

一个准备演讲的绝佳方式，就是自问"如果我处于受众的位置，我会问些什么"，然后根据问题的答案来准备演讲内容。给企业领袖们做培训时，我们经常问：你遇到过的最难回答的五个问题是什么？

如果能通过提前准备，从而轻易地回答这些问题，那其他的问题就迎刃而解了，你也会对演讲感到越发自信，因为知道自己已经有把握解决任何提问了。事前准备的最后一个元素，是决定在什么时候以何种形式接受提问——全程随时提问或在演讲结束时提问。

提问也许会很难，你也许无法马上给出回答。如果因此开始紧张，或者表现出感到不太舒服的样子，那就会损害自己的公信力。所以我们务必要仔细听清楚问题，确保自己深呼吸并（字面意义上）抬头（查阅第12节），微笑，保持眼神接触，如有必要，在回答之前挤出时间思考。如果决定在演讲结尾时接受提问，则可以通过字条来收集问题，给自己留出更多思考的时间。这种方式的另一个好处是让我们掌控回答的顺序，因为你也许会想要将最有冲击力的问题留到最后。

不是所有的问题都能立刻得以坦率地回答。你将会遇见挑战，提前想好如何应对才是正经事。做演讲培训的时候，我们会指出把控问题的核心因素。以下是回答提问时，最常见的几个思考。记下来，这些思考可以让你更游刃有余地面对提问，从而树立作为企业领袖的根本。

"没人提问时，我要如何鼓励大家？"

我们都希望受众中能有人积极提问。在演讲过后，踊跃的问答环节更能鼓舞受众。但有的时候，当我们呼吁提问时，受众的视线可能会纷纷看向远方。气氛骤降，演讲可能就在这种奇怪的氛围里结束了。为了避免这样的窘境，可以参考如下建议：

◆ 在演讲过程中不断鼓励受众提问。告诉人们可以随时打断演讲来提问，这么说有几种好处——受众不需要惦记着问题一直等到最后，如果他们对内容不太认同，可以立即得到澄清，对某个具体议题的疑惑也能在讲到这个内容时就得以解决。

◆ 提前游说，确保人们愿意提问。

◆ 用"我经常问别人……"来开始提问环节，并自问自答。这样可以给受众打气，鼓励他们提出问题。可以准备一些这种修饰过的提问以防万一。

◆ 演讲结尾，告诉受众："我估计很多人都有些疑惑，不妨花几分钟归纳出你最想问的三个关键问题，然后我会试着在三分钟内回答这些问题。"

◆ 除此之外，你还可以让受众们组成小组，共同商讨想问的问题。这样基本可以保证我们得到一定数量的提问。

"如果我不知道如何回答该怎么办？"

诚实是最优解。不要吹牛，如果实在不懂，最好是面带从容地承认，告诉受众也许在未来某个时间你可以回答这个问题。避免结结巴巴地尝试回答，这样会削弱自身的信誉度。想想自己如何才能为提问者提供答案——也许在短短的休息时间里就能做到，询问同事或者自己做做检索。确保及时跟进，提供答案。如果情况允许的话，唯一的替代方式是把问题开放给其他受众，这样也许可以把你从泥潭里拽出来。

"如果有人故意设套，我该如何应对？"

这个情况很复杂。我们也不能确定有人在设套，对方可能只是在获取信息，但表现方式充满了敌意。那么，以下是一些选项：

◆ 称赞对方——告诉他这是个很有趣的问题，并询问对方有何看法。

◆ 问问他提出这个问题的原因——为什么对他而言这个问题很重要？

◆ 询问受众他们是否也对这个问题很感兴趣，如果不，那你就可以提出私下回答的建议，并在休息时间跟提问者取得联系。

"要是受众提出了一个见解，而非问题，我该怎么办？"

有时候受众举手发言，其实是想发言，而不是想提问，有人甚至能发表一篇小演讲而提不出一个问题。

有一种解决方案，就是观察一下对方的讲话频率，当他/她换气时，用"感谢你的评论，不知是否有相关的提问呢？"来打断对方，同时用眼神鼓励在场的其他人提出问题。切勿放任对方继续演讲，不然其他受众的提问机会就被浪费了。

"如果提问跟我的演讲毫不相关怎么办？"

在这种情况下，我们可能需要推进流程，并迅速转移到下一个问题。你可以提议私下回答，也可以请求提问者重新组织一下语言，或者询问对方为何觉得这个问题很重要。

"要是这个问题我已经回答过了怎么办？"

你可能很想，但请一定不要傲慢地对提问者说你已经回答过这个问题了。知晓并确认这个问题的本质，然后快速回答，这能给你一个强调演讲主旨的机会。

"要是我被问到了政治敏感问题呢？"

有时候，提问会落到演讲范围之外，或者让你感觉在于政治方面过于敏感而无法回答。如果是后者，你应该坚定地在台上解释无法作答的原因，并快速过渡到下一个问题。避免政治站队，也不要站到提问者的那一边。

4A模型

那么，对于回答提问，真正有用的手把手指南是什么？

以下是我们教演讲者在答疑时运用的法则：4A模型。无论提问来自个体还是群体，你都可以套用这个模型来回答。

◆ 认可（Acknowledge）。
◆ 受众（Audience）。
◆ 回答（Answer）。
◆ 询问（Ask）。

以下是每一步的具体内容：

认可

保持安静，仔细聆听，确保自己理解了问题。平等对待所有问题，不妄下定论。认可提问的人，可能只需要一句简单的"谢谢你的问题"就足够了。但是，如果问题复杂或者呈现为一段宣言，你可能需要请求对方重新表达。如果面对的受众较多，我们建议你重复一遍提问，有些人可能压根没听到问题。

受众

合适的话，应该邀请提问者或者其他受众来回答问题。这样可以给你时间思考，而且说不定有受众能完美地回答。这个方法在大场合中尤其适用。你可以这么措辞："这个提问很有意思，你们怎么看？"

回答

如果已经回答过这个问题，请避免阴阳怪气地解释"我们一小时前已经提到过这个"，也不要长篇大论地抨击对方。也许是你说得不够清楚，需要进一步解释。我们不建议使用政客们偏爱的转移话题大法，也就是他们回答记者提问时常用的："这个议题很有趣，但是公众最关心的还是……"或"也有人这么说，但我们的研究显示……"

群众已经听够了这一类的话术，所以很容易对政客失去信任。最好的方式是直面问题。最多花两分钟在三个重点内回答。如果你对答案很有自信，而提问也恰恰需要这种自信，那么直接传达就好了。但是，有时候你的答案可能只是一种选项，这时就应该在说完之后向受众寻求其他选项。作为管理者，我们不需要垄断真相。

询问

回到提问者的身上，确认答案是否令对方满意。一句简单的"我回答了你的问题吗"就能搞定。如果对方持否定意见，一定要回复。如果有人说"也不全是"，那你就要询问对方还需要问些什么，从"认可"环节重新开始。不这么做的话，可能会削弱你的美誉度和公信力。

隐藏指令

最后，如果你的演讲有意改变人们的洞察，有意说服或激励他们，可以使用"隐藏指令"的方法。隐藏指令是指一系列嵌入句子中、能够指挥受众行动的词语。也就是说，我们把指令掩藏或嵌在长句子中。隐藏指令的力量很强大，可以在无意识中影响到对方，通常在销售和营销中会使用到这种方法。演讲时，我们可以通过强调希望受众产生的行为来使用隐藏指令。以下是一些例子：

你们，**像我一样**，都想要让这件事成功（隐藏指令是"像我一样"）。

如果你们确定**想选择我们来做这个项目**，那么……

你们当中有多少人清楚知道，想要实现目标，**变革是无法避免的**？

摘　要

◇ 融洽的关系是个人影响力产生作用的前提。

◇ 受众想要与你产生连接——通过开场前握手、接受提问、展现幽默感、态度开放、充满乐趣和多样化便能做到。

◇ 深呼吸，确保声音处于最佳状态。

◇ 讲故事——准备一个故事库。

◇ 在准备阶段问问自己：我最不想被问到的五大问题是什么？

◇ 使用4A模型来回答问题——认可、受众、回答、询问。

◇ 当最优秀的演讲者想要在无意识中影响受众时，他们会找到无数种使用隐藏指令的方式。

第15节

如何运用声音来获得信任、建立连接？

练　习

花些时间录下自己的声音，然后回放。当听到自己的声音时，你注意到了什么：声调？音量？速度？试着客观一点，分析自己的声音里有什么优势，又有什么想要改变的地方？

没有多少人喜欢自己的声音。事实的确如此，我们培训管理者的时候，很少有人喜欢自己被录下来的声音。为了成为有影响力的演讲者，就必须被人听见、被人理解，所以声音一定要多样化。声音是成为一名优秀演讲人的关键工具。

出色的音质，来自腹式呼吸，如果掌握了深度呼吸，就不会用到太多的喉咙肌肉。呼吸越深，越有足够的气息来支撑声音，并释放给受众。所以身为演讲者，要让声音被清晰听见，有哪些关键因素呢？

◆ 多样地变化速度、音量和音调。

◆ 我们必须比平时说话更大声（除非戴了麦克风），但这并不意味着咆哮，只要比平时提升10%—20%的音量就行了。我们的目标是沟通，而不是恐吓。

◆ 如果你本身语速就很快，那就一定要降下来。

停顿是最被忽视的沟通技巧之一，但有效的停顿确实好处多多，它能让你：

◆ 把速度放缓，与受众的听力容量匹配上。

◆ 表达情感。

◆ 深呼吸。

◆ 吸引受众。

◆ 让脑子跟上节奏。

停顿可以用于我们希望强调的关键点，特别是在关键点前后的停顿——不妨比一般情况下停顿得更久一点，大约2—3秒。如果身体也在重新开口前保持不动，那么这次停顿的冲击力也会更强。关键点就在于口头停顿要与身体的暂停点互相配合。

停顿是最被忽略的沟通技巧之一，但有效的停顿确实好处多多。

例如：

我们即将面临一个商业上的关键节点（停顿）。为了实现五年目标（停顿），大家都必须清楚知道，只有变革才能成功（停顿）。只要团结一致，我们就一定能做到（停顿）。

其他小技巧包括：

◆ 避免使用"嗯"和"呃"，或者无意义的填充词例如"你们知道""我是说""基本上"。

◆ 如果想要让声音拥有更多色彩，记得强调演讲内容中最重要的词语和句子。

◆ 确保自己的声音比一般谈话的时候更有力。为了有效做到这一点，我们需要在声音中展现情绪和能量，来确保关键信息传达到位。

◆ 准备一杯水——可以用来滋润喉咙，也可以用于戏剧化的停顿。

我们现在已经知道，公信力和连接感是演讲产生影响力的关键因素。这两者可以通过声音来建立并加强。我们发现一本很不错的小书里有类似的理论，那就是迈克尔·格林德的《领袖魅力——关系的艺术》（*Charisma—The Art of Relationships*）。

当你出行登机时，第一个听到的声音往往来自机长（90%的机长都是男性）——"欢迎各位登机，我的名字是卡塞尔机长。我们会在大约20分钟后开始滑行……"某些时候，你也会听到空乘人员的声音："今天的机组成员都很棒，稍后鲍勃和安吉就会开始给您提供服务……"

那么你有没有发觉，他们的说话方式是如此不同呢？下一次坐飞机的时候，你可能就会发现他们声音中的如下异处：

机长——声音特质	空乘——声音特质
平缓	轻快
语调在句尾逐渐下沉（伴随收尾时轻轻点头的动作）	语调在句尾上扬
运用停顿	很少或从不停顿
短促的句子	较长，甚至有点闲聊的句子
比较单调低沉	声音中有丰富的、音乐般的特质
聚焦在事实和客观信息上	聚焦于以人为本的信息

就本质而言，机长会使用一种"可靠"的声音模式。这种做法很容易理解，因为我们通常并不需要机长善于沟通。事实上，当机长想要幽默一把的时候，甚至会让人有点不安，听起来相当不合时宜。我们更希望他对面前的控制面板知根知底，并全身心地投入把我们安全带到目的地这件事上。而空乘人员则会使用一种"交流"的声音模式，扮演好机上的角色——让乘客放松、销售产品、提供良好的服务，这样乘客才会对航空公司保持忠诚度。

奥巴马和戴维·阿滕伯勒是可靠型声音的代言人，而杰米·奥利弗和唐·弗伦奇则是交流型声音的典型代表。那么这些知识，对于你的演讲又有何帮助呢？

◆ 在演讲过程中，使用两种声音模式。仔细思考，哪种才更符合你的演讲意图。

◆ 当你想要听上去更有权威时，使用可靠模式来说教或强调重点。

◆ 当你想要让受众放松时，使用交流模式，让他们感觉到你对每个人都很关心。

下面是一个有用的小表格，可以让你知道在什么时候应该使用什么样的声音：

情境	使用可靠型声音	使用交流型声音
初次见面		√
任何演讲的开场	√	
传授理论或知识	√	
回答问题	√	√
汇报	√	
席间闲谈		√
激励行动	√	
给予反馈	√	√
幽默时刻		√

摘　要

◇ 声音会因为速度、音量和音调而变得不同，这对于持续吸引受众十分重要。

◇ 健康的腹式呼吸对于优质嗓音而言是关键——在演讲前记得做呼吸练习。

◇ 你可以通过调整声音，来获得信任和建立连接。

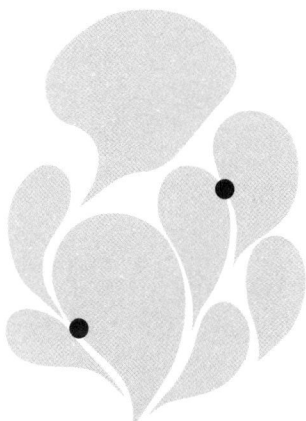

第五章

Chapter Five

给领导者——影响力极大的特定演讲场合

以下4节会深入地讲解某些特定的高利害性演讲情境的细节，并提供一些实用技巧来帮助你规划、准备和表达。

第16节

为成功而销售

作为企业领袖，你也许几乎不会参与到销售当中，而是将销售任务委派给了他人。但是为了赢得项目，很多领导都会成为销售过程中固有的组成部分。销售型提案可以是正式的，也可以是不那么正式的；可以面对一小部分人，也可以面对很多人；可以持续几分钟，也可以持续好几个小时。领导在这个过程中，也许要扮演不同的角色。我们在这里要讲的，是正式型销售，时间约为一个小时，结束后预留了提问环节。这种演讲通常承载了很多东西，所以被定义为典型的高利害性演讲。为了完成一次效果显著的销售，往往需要付出不少时间与精力。所以，第一个要问自己和团队的本质问题非常简单——真的值得吗？作为团队一员，你需要有意识地决定是否参与销售。一旦参与进去，面对受众，你将是毫无权威的，甚至在销售团队里也不是领导者。所以，这一类演讲需要我们灵活处理，运用所有的影响力技巧，知晓自己参与的原因并将其有效地表达出来。

给自己的提问

德里克·克林恩是我们Moller PSF公司的一位合伙人，他发起了一次针对专业服务购买方的调研，发现他们的决策优先级会在购买周期的不同阶段发生改变。从供应商的初次接洽，到正式的销售环节，买家认为重要的东西会发生改变。记住这一点，抓住一切可能的机会向预期客户提问，找出他们客观上更为看重的销售内容，而不是主观揣测。

抓住一切可能的机会向预期客户提问，找出他们客观上更为看重的销售内容，而不是主观揣测。

作为销售内容与进入角色的准备部分，以下这些问题可能会帮助你更好地思考，并将你带入一些关键领域。

回顾以往的成功经验

我们能从情况类似的成功演讲中学到些什么？

你和团队以前也进行过销售，有什么秘诀？找出过去的演讲在内容、团队氛围和冲击力中卓有成效的部分，成功的演讲都是有迹可循的。

你的受众

每场演讲都需要以受众为中心，销售更是如此。我们合作过太多组织机构，它们总是忙着前端工作，而忽略了回头看看客户真正的需求，更遑论找到匹配需求的方法。买家通常都很忙，并且被信息淹没了。我们要将己方解决方案的价值与具体的客户或客户组织联系起来，不然的话，决策者不会给予足够的时间或者注意力。

◆ 受众的期望是什么？

◆ 如何才能识别出他们的真实需求？

◆ 我们知道（或假定自己知道）他们想看到和听到什么吗？

◆ 客户现在对我们有何看法和想法？为了锁定成功，需要他们在销售结束后产生怎样的想法？

◆ 我们要说些什么才能表达出对他们的理解？

◆ 我方团队如何才能更好地匹配对方？

成果

这一点或许显而易见——但是，明确会议的目的是很重要的。对于双方形成共识的成果要提前明确。

◆ 这次会议的具体目标/结果是什么？

◆ 形成决策有多少个阶段？

BATNA

BATNA（由《谈判力》的作者罗杰·费希尔、威廉·尤里和布鲁斯·巴顿提出）就是"已商定协议的最佳替代方案"（Best Alternative to a Negotiated Agreement）。我们可能会陷入一场竞争性的投标过程，如果赢不了怎么办？在价格和其他条款上要做出多大让步？通常而言，提前准备好一个BATNA会让人感觉更自信，从而更容易谈判成功，以后也可以用于不同客户有相似情况的其他机会中。

◆ 你做好BATNA了吗？

◆ 如何才能完善你的BATNA？

◆ 通常而言，提前准备好一个BATNA会让人感觉更自信，从而更容易谈判成功。

角色与责任

如果你是年资最高的领导，团队可能会期待你去协调和主持会议。这也许正巧与你自己的想法一致。领导好一个团队意味着扮演双重角色，既要给销售中的策略或愿景部分注入灵魂，又要紧盯工作流程，识别出工作环节与成员中有效和无效的部分。

◆ 谁会是团队负责人？其余的角色和其责任又是哪些？

◆ 如果团队成员之一主导了会议，那么你要扮演怎样的角色？

◆ 团队需要几个人？警惕成员过剩。理想人数应与客户方的人数相匹配。

◆ 预先安排好谁来回答哪个问题。

用关键信息来吸引受众

没人想让受众感到无聊。我们的客户之一——某设备管理公司，创造了故事板来展示他们的销售内容，这是一种吸引受众并且将销售变得生动的绝佳方式。

很关键的一点在于，受众必须能马上识别出你对于自己服务的定位，并找到他们认为重要的部分。千篇一律的电梯推销法根本不管用，信息的传递应该简明扼要。不妨思考一下"三的法则"——哪三个关键点会与受众最好地产生共鸣？

◆ 我们的差异点在哪儿？

◆ 核心思想是什么？三个关键信息又是什么？

◆ 什么事会带来最大的不同？

◆ 如何才能让其他人对我们的销售印象深刻？

◆ 怎样才能把销售变得生动？

◆ 很关键的一点在于，受众必须能马上识别出你对于自己服务的定位，并找到他们认为重要的部分。

准备好回答提问，应对异议

大部分的销售都包括了正式演讲和客户提问环节。在最优状态下，我们希望销售能紧凑一些，因为闪光的机会通常会在提问与讨论中出现。所以理想状态下，我们需要一场协同性强的讨论。客户很有可能会有一些反对意见——这些障碍可能会阻止他们选择你作为供应商。我们需要尽快把阻碍识别出来，并且选择团队中的关键人物来思考和解决这些反对意见。

◆ 在类似的销售场合中，我们被问到过什么问题？

◆ 我们的弱点在哪儿？

◆ 你最不想听到的五个问题分别是什么？可以如何回答？

◆ 你的团队也许不是领跑选手。如果站在他们的角度，有什么东西会阻碍你们赢得销售？最可能出现哪些反对意见？

优先事项与实用贴士

项目销售可能会是昂贵、费时且艰难的，因为你所提供的服务或产品也许会被拒绝。很多人都去过极度无聊，信息量又大的销售会，他们的关键点本应该放在吸引受众上——买家可不会为无聊下单！我们必须找到让受众"上钩"的方式，形成团队力，并且给人留下深刻的印象。以下是一些非常实用的建议，能够帮助你更好地进行准备和做出决策：

◆ 知悉购买/决策流程。我们很容易就会陷入对决策过程的擅自揣测，务必确保你得到了决定性的信息。

◆ 给自己留出足够的时间。我们通常会被销售团队的工作牵着鼻子走，所以总是感觉压力很大，因为做出绝佳销售真正所需的时间往往被低估了。尽管有些销售确实给的时间紧张，但我们还是需要尽早开始规划工作。

◆ 提前游说，建立融洽的关系。有时候采购流程会限制我们针对销售的提问机会，这是因为有些客户希望竞争过程是绝对公正客观的。不管何时，都要找到与相关人士见面或对话的机会，以获得更细节的需求信息。融洽的关系是决策过程中的关键因素，在正式销售开始前，这样的关系建立得越多越好。我们曾合作过的一个机构，他们有一次在竞标的展示环节没能成功，但是在委员会评估时却又选中了他们，因为委员会倾向于他们，尽管客观上来说他们是次好选择。

◆ 组合出最佳团队。当规划演讲时，要确保将修改的信息与每个人都沟通到位，这样才不会出现意料之外的事。

◆ 充分思考团队的构成。从人数上说，最好与对方相匹配。提前弄清楚受众信息，与他们的性别、专长和技能都要匹配上。

◆ 如果团队较大，不是每个人都要参与到演讲当中，但记得给客户说明团队架构。

◆ 有时候你不得不带领一支大型队伍。千万别觉得自己有义务安排每个人都上去演讲，可能有些人只适合在演讲后的讨论环节出力。如果太多人上台演讲，会看上去非常奇怪又令人费解。你也许会需要一位技术专家在场，来解决具体的现场问题。

◆ 在销售前，确保队伍团结一致。我们书中的核心观点之一，是练习才能更接近完美。一次正式演讲，细节性的规划和彩排都是关键环节。大部分供应商其实都相差无几，所以，团队的形象就显得十分重要。这可不是压抑个人感情的时候。作为领导，我们要在彩排时，鼓励开放和诚实的反馈。自己也要接受合理建议。记住，销售从团队入场时就开始了，所以连这个部分也要进行练习。多位演讲者之间的串联，要做到简单大方且顺滑。同理，在实际作战时，也要用积极的身体语言来互相支持，包括肯定的眼神、点头和对演讲内容的绝对关注。

◆ 创作一套强有力的开场白。人们会记住最先听到的信息。所以一定要有一套锐利的措辞，直达客户内心，或者直达己方服务可以解决的问题。避免含糊紧张的开场白，太多的演讲者都犯了这个错误。

◆ 你能建立一套STAR——"令他们记忆良久的东西"（Something They'll Always Remember）。在场可能会有好几个公司先后推销，你要如何出众呢？思考一下STAR，同时也可能是独特卖点或者关键差异点，并且在演讲中重复强调数次。

◆ 展现出自己对胜利的渴望。买家会为渴望这个项目的人所吸引。记住，表现热情与表现得"黏人"之间还是有差异的。

◆ 团队就如何应对提问要达成一致。

◆ 在规划阶段就做好环节设置。提问最好由一个人来回答，提前安排好最理想的回答人选。

◆ 如果时间被掐短要怎么做？提前准备好。

◆ 尽管可能不太公平，你也许会面临团队演讲时间比预定时间短的状况。预先确定好这种情况下的预案：如何重新组织演讲内容并聚焦到核心观点上。

◆ 在结束后，立刻回顾并跟进客户，得到反馈。

◆ 带领团队进行复盘。问自己：哪些东西是有效的？受众反应如何？如果重来一次，我们会改掉些什么？我们学到了些什么可以用于改进日后的演讲？

确保能从某位决策者处尽快获得反馈，尽管实际上要在决策过后才有可能做到。哪怕你没赢下项目，也可以利用反馈来改进日后销售中的文书和表达工作。让他们尽可能地提具体建议，以免互相客套。

第17节

如何传递令人难以接受或颠覆性的信息

如果要面向群体发表令人难以接受或颠覆性的内容，为了确保一切信息都能传达得如你所愿，往往需要做更加细致的规划。当群情高涨的时候，受众很容易对你所传达的信息做出自己的解读。

令人难以接受的信息或对话可能包括以下这些例子：

◆ 介绍新的工作流程。

◆ 兜售某个战略蕴含的机会，但这个战略可能对受众有负面影响。

◆ 宣布或探讨不如预期的商业成果。

◆ 宣布公司或部门新的目标。

当群情高涨的时候，受众很容易对你所传达的信息做出自己的解读。

当传达令人难以接受或颠覆性的信息时，你需要认识到，受众可能会变得情绪化并开始窃窃私语。这种状况也许会导致受众的评论与

真实感受产生一定差异。你无法改变事实，但可以通过细心规划，来确保信息没有被误读。

给自己的提问

作为演讲规划工作的一部分，以下问题值得参考。

◆ 我要传达的信息是什么？

聚焦于一个清晰简明的信息，可以帮助你的内容和框架找到方向。

◆ 我的目标是什么？

目标要具体，也要有挑战性，可以通过以下几点来确认：

a.受众可能会对你的信息做何感想。

b.演讲的时长。

c.你希望受众在演讲结束后保有怎样的感觉。

◆ 可以用怎样的方式提前游说？

你是否能够提前与受众交谈，摸清楚他们的观点以及具体需求，确保演讲覆盖到了这些地方？这样做可以让我们在演讲开始时更好地掌握节奏，减少揣测受众反应的必要。

◆ 站在受众的角度——他们想要听到什么内容？

可以与提前游说联系起来，思考一下在演讲的主题之下，受众们会有什么前置性的疑问。这样就能进一步充实内容，确保自己提供了力所能及的清晰答案。

◆ 对他们有什么好处？

在受众的角度，他们能怎样从演讲内容感受到与自己有关或获得益处（或是避免负面后果），这一点需要演讲者特别注意。

◆ 考虑现实性，你希望他们在演讲结束后有何感受？

思考在演讲开始时他们对于主题可能存在的观点和感受，以及你有多长的演讲时间。在有限的时间内，你能完成怎样一个切实可行的观念转变？

◆ 你希望他们在演讲结束后产生怎样的行动？

目标要清晰具体：在演讲结束后，你期望受众做出什么样的行动？

◆ 应该如何与受众连接？对这一点要思考清楚。

想想从什么角度（例如：支持，理解，权威，共情，指导等）与你的受众连接，以及如何在演讲中实现这一点。

◆ 在演讲中，如何面对负面反应？

在演讲前、中、后可能遇到一些怎样的反应？如果真的出现这样的反应，我该如何应对？自己的疑惑和反馈将被如何应对——受众会在这方面有所期待，我们应该怎样处理这些期待？在演讲之前，能做些什么来尽可能地准备好应对受众的反馈？

◆ 在受众里，我已经拥有了哪些支持？

我前置性地游说受众（或部分受众）以便更好地理解他们的观点、焦虑和想法了吗？我能从哪些人那里收获支持？我能否获取某些具有影响力的人士的支持，从而进一步影响他人？

优先事项与实用贴士

从本质上讲，你不太可能完全享受这种演讲。当规划及传达一次具有挑战性和困难的内容的演讲时，为了增加成功结果的实现概率，有一些很实用的小贴士可供参考。

引领受众节奏

根据内容本身以及受众对内容提前了解的程度，我们很可能会面临一个情绪化的局面。所以，从一开始就表达出与受众的共情是非常重要的。考虑他们的立场以及可能产生的感受，在演讲开场加入一些引领节奏的内容（具体参考第6节）。记住，节奏是用来正视受众感受的，而非在演讲一开场就告诉他们应该有何感受。在他们准备好沉浸于你的信息和演讲之前，让受众感受到你能理解他们的境况，这一点是非常重要的。创作3—4段话，来表现自己对受众的感受与对观点的正视。

认清自己对于这个情境与信息的感受

当你不得不去传达具有挑战性和困难的信息时，搞清楚自己对其有什么具体的想法或感受是很有帮助的。如果不花点时间做这件事，可能会导致你传达出模糊的信息，或是表现出与所言相悖的身体语言。拥有一个清晰的认知，会对准备工作与表达的准确性有所帮助。

练习核心信息的表达——当心"枕头效应"

传递核心信息时，我们必须将其表达得十分清晰、毫不含糊。在传递这个信息时我们可能会感到不适，这将导致我们误入"枕头效应"：把信息用毫无必要的语言包裹起来，试图软化它。这么做将在受众中产生不确定性和歧义。练习表达信息，确保自己避开"枕头效应"。

彩排，并从其他资深人士处获得反馈

如果内容很重要，那么彩排就很重要。腾出时间来进行至少一次从头到尾完整的彩排，理想状态下，可从其他业界资深人士处获得反馈。

明确演讲的直接结果，即希望受众进行什么行动

想清楚你想要受众承诺哪种具体的行动。如果演讲的成果不是某项具体行动，那么就要明确你希望他们知晓或理解怎样的信息。

构架好自己的表达，确保信息不被误读

有一个概念叫作基本归因谬误，它会让我们要表达的信息被受众误解，尤其是在困难或具有挑战性的情境之中。当我们发表声明时，受众虽然听到了我们所说的内容，但同时也会无意识地判定我们创作的动机或意图。尽管我们可以轻易地控制自己的言语，却不能控制别人的解读。不过，我们可以采取一些手段来积极地影响他们。

基础结构是一种基本的技巧，让我们在发表声明前可以清楚、巧妙地表达自己的意图。这种技巧能让倾听者规避自行解读的天然欲望，从而更加明确我们要表达的信息。

例如：假设你需要向销售团队发表讲话，内容是一位客户的反馈，其中包括一些需要团队改进的事项。当你换位思考销售团队听到内容时的想法时，意识到有些人可能会认为这是针对他们个人的批评，觉得你并不理解每天面对这位挑剔的重要客户时的困境。你想要表达的信息中，还包括了一部分即将发布的客户服务新标准。要给传达这些信息搭建好基础结构，首先要承认我们拥有一位期待值很高且对公司很重要的客户。此外，还需要进一步陈述，你很清楚满足客户期待值所遇到的挑战，以及销售团队中的绝大多数都通过长期努力地工作，达到了服务标准。然后，重申你对销售团队的意图、要求和职业道德都有充分的信心，并表示目前仅仅需要讨论一些细微的改进，这样就可以完成这段谈话的基础结构搭建了。接下来，当你传达关键信息时，被受众质疑意图的可能性就大大降低了。

在自己的影响圈内行动，对于受众而言也一样

对于演讲者和受众而言，有一件事是双方都值得关注的，那就是

把时间和注意力集中到自己可以影响到或控制到的地方。有时候我们很容易被自己无法控制或影响的事情牵着鼻子走，特别是当我们聚焦在有挑战性或比较困难的项目上时。这会产生负面冲击，让我们感到缺乏掌控力甚至变得更加消极。在演讲中，应该把注意力放在你和受众可以改变或影响的地方。

设定新的愿景/战略

作为领导者，你可能会承担为公司、部门或自己的团队定义以及/或者传达一项新愿景或战略的责任。也许还需要面向团队或者公众，甚至是董事会以及决策层进行演讲。围绕战略或愿景的演讲，通常需要调动受众的积极性，让其与我们所期望的未来成果、工作方法或某些工作板块的改变连接在一起。尽管你自己已经清楚推行某项战略或愿景的理由及益处，但受众可能并没有。鉴于在这种状况下，演讲大概率是一项重要工程的组成部分，我们必须花费更多功夫准备。

尽管你自己已经清楚推行某项战略或愿景的理由及益处，但受众可能并没有。

围绕战略和愿景的演讲可能会被以下因素影响：

◆ 人们对改变的不确定心态，对未知怀有恐惧感。

◆ 内部政治斗争：人们可能不会表达出自己的真实想法。

◆ 你的受众里可能会出现对于战略或愿景的不同看法。

对与战略和愿景相关的议题进行演讲，往往都和引领变革紧密关联，从情绪上调动受众是引领变革的重要部分，所以我们需要特别注意受众的情绪和潜在担忧。

给自己的提问

作为演讲规划工作的一部分，以下问题值得参考。

受众对提出的战略/愿景有何感受？

为了更好地理解（而不是揣测）受众对于提出的战略或愿景的感受，你是否可以在规划演讲之前就去了解一下部分观点？他们的观点是积极的、不可知的，还是不确定甚至不悦的？如果无法提前了解，那么不如换位思考，尽可能客观地预测他们潜在的感受。识别出受众的感受，会帮助你更好地规划如何最大程度调动他们对于演讲的积极性。

为了投入到你的战略和信息中，他们需要了解些什么？

受众要认同你演讲的战略或愿景，首先要知道些什么？除了从纯粹的信息展示角度来规划演讲，还要考虑他们在这个问题中需要明确的信息。也许他们需要得到某种承诺，也许需要了解你的演讲对于他们个人意味着什么，或者是为什么这件事很重要。记住，人们首先会从情感上接受某个观点，然后从逻辑上去证明它。所以，确保你在情感上能吸引他们，而不仅仅是传递一场充满客观材料的演讲。

为什么革新迫在眉睫，如何才能令人信服地传达这一点？

要获得对新事物的支持，一个关键因素就是在新战略或愿景中，为受众提炼出个人化的"对我有何好处"，指出所提议的战略或愿景的积极益处，以及不执行的消极后果，帮助每个人以尽可能个人化的视角来理解。比起制造恐慌，你需要连接个体，解释参与到新战略或新愿景中的重要性、相关性与相关利益。

传达这些信息的最佳方式是什么？

对于如何宣讲信息，有几种可供选择的方式，你可以为正式演讲考量一下替代方案。根据受众的规模，他们是在一个地点或者物理分隔，你想要创造一种更轻松的氛围或更有创意的方式，可以从替代方案到正式的PPT演讲之间进行选择。既然战略、愿景与情绪相关，你应该考虑能支撑这种迫切性最佳也最合适的方式。

受众需要从演讲中带走哪些有价值的要点？

在演讲结束后，你需要受众能够理解并记住哪些东西？不妨提供一份摘要以便带走，或者一些标志性的、难忘的并能代表你的核心信息的东西。可以是图片、办公用品或者其他与战略或愿景相关的物件。

我的核心团队在多大程度上认同此事/清楚自己的角色/准备好了做榜样?

如果你作为核心团队的领导进行演讲,那么演讲的冲击力和有效性会根据团队成员的观点及行为而被支撑或削弱。当思考如何更好地演讲时,如果能知晓核心团队对于新战略及愿景的认同程度,以及对自己在支持你完成目标时所扮演角色的认知程度,那就必定能有所帮助。毕竟,演讲只是沟通与树立新战略的一个部分。

成功树立新战略的关键,在于核心团队是否将公司需求优先于单个部门的需求。帕特里克·兰西奥尼在他的著作《团队协作的五大障碍》中提出,核心团队成员将自己部门的需求置于公司需求之上是常见的情况。尽管这是自然而然的,但当我们想要树立新战略或改变已有战略时,就可能造成破坏性的影响。

不论是面对演讲受众,还是回到办公室面对部门工作,你的核心团队都必须支持新战略。在你所寻求的变革需要核心团队积极支持的情况下,进行演讲之前就跟团队协调好,把可能的干扰项沟通到位,这一点是非常关键的,特别要注意强调带头行动与积极支持对于成功的必要性。

从实际出发,我希望受众在演讲结束后有什么感受?

对期望受众在演讲结束后产生的感受进行思考,有助于指明内容与切入点的方向。如果希望演讲能刺激行动,那么受众情绪是十分重要的,所以就要具体思考,受众要如你所愿地信服于新战略或愿景,他们应该先产生怎样的感受。考虑这一点可以帮你判断你的演讲能够自行实现目标,还是需要像通常情况下一样成为更大的沟通和参考过程的一部分。注意你的演讲时间有多长，你的受众在演讲开始的时候对这个主题会有什么感受，并实事求是地了解这段时间你能做到什么。

我的目标具体是什么？

对于演讲的目标，要尽可能具体。作为演讲的结果，你希望受众承诺、理解或能够做到些什么？你的演讲仅仅是通知他们，还是调动他们参与变革？如果是后者，你希望演讲结束之后看到些什么？这种期待现实吗？

优先事项与实用贴士

围绕着战略和愿景的演讲，通常都背负了不少东西。这也许是因为演讲是受众第一次接触到这个对他们本人和自身角色定位都很重要的议题，所以有效的规划非常关键，可以最大化我们的成功率。

从某个迫在眉睫的事项开始

为了全身心投入任何本质性变革当中，人们需要一样东西，那就是燃烧的平台，或令人信服的理由。如果没有的话，人们可能就不会将变革视为优先事项。与战略或愿景有关的演讲，经常需要我们改变他人的想法，那么就更得给出一个清晰、迫切、人们可以感到关联并理解的变革理由。

可能会有所帮助的一招是，进行思考并在演讲开头巧妙地表达一下，变革的积极后果和不变革的消极后果。花点时间对受众进行个人化的说明，这样他们就能看到这件事对自己的重要性。

给战略和愿景加上背书——社会影响

与上一点紧密相连的是，要思考如何才能给所提议的战略或愿景加上一定的信誉度。有没有什么外部的趋势、研究或数据可以使你的战略看上去更可靠？人们倾向于跟随形象上可靠、知性的专家，这方面有没有可利用的资源？每当不确定时，人们也会参考别人的行动和行为来决定自己的选择。你是否可以利用这个社会影响的概念来获得更大的支持？

引领受众节奏——正视他们潜在的感觉/体验

在演讲开场时，尤其是当受众可能对提议的战略或愿景有些忧虑时，确保花费足够的时间来引领节奏。设身处地地为他们着想，捕捉到人群中的感受和观点，展现你的共情能力。在带领他们向新战略或愿景进发前，让受众感受到你理解他们的心情，这一点是很重要的。过于急切地引领，可能会面临获得的支持不足以令演讲生效的风险。

以强有力的结束语收尾

人们会记住你所说的第一件事和最后一件事，所以要确保自己创作了强有力的结束语，能支持你实现"从号召到行动"（也就是作为演讲结果，你想让受众去做的事情）。一个充满力量的结束语可以与燃烧的平台相关联，以促进变革，可以摘要一些想要清晰、迫切重申的关键点，或者是利用一个受众易于感同身受的比喻。

确保身体语言支撑你在信息中表达的坚定信念

确保积极主动地管理了自己的状态，这样身体语言才能表达我们想要表达的决心和自信。口头表达务必与身体语言一致，才能让自己在缺乏自信或其他东西时，积极主动地重整精神、完成调整。在第12节里，就如何拥有自信心给予了更多实用贴士。

可能的话，让受众参与

通过鼓励受众参与和贡献，能收获更多支持。抛出问题，让演讲更有互动性，同时也可以建立团队意识和责任感。如果鼓励一个团队思考议题，而不仅仅是聆听被传达的信息，他们就更有可能认同。所以不妨在演讲中的合适时机，规划一些问题来引发思考和讨论。

与核心团队一起测试

核心团队的认同、支持和积极参与，对于长期成功而言十分重要，也可以帮助你测试自己的切入点和演讲。在需要覆盖到的内容和最佳实现方式上，引出团队的观点。与团队彩排演讲，寻求他们的具体反馈，包括优点和可以改进的地方。

创作一个单页文件，图文并茂地摘要愿景

制作一个单页，使用比喻或图像来构建包含战略演讲关键点和关键主题的辅助记忆物，通常都很有帮助。

第19节

在董事会会议室演讲

　　根据你目前的岗位，要么作为主席，要么作为资深管理层，有时可能需要在董事会会议室里演讲。基于本节的写作意图，我们先假设你需要面对董事会——总监、资深管理层或股东演讲。这既是闪光时刻，也是分享你的研究、想法、项目进展甚至是财务报表的时刻。这类演讲通常都很私密，因为我们是面对一个小型团体发表，他们可能会表示支持，也可能会对你的个人信誉产生负面印象。如果自己不是董事会的一员，你可能会觉得他们相当令人伤脑筋，偏偏还在整个组织接受你的想法或给予通过的过程中扮演了关键角色。想想电视节目《龙穴之创业投资》里"成败在此一举"的演讲，我们面对的也是类似的高利害性情境。展现出自己进行了卓有成效的准备，并且具备必要的背景知识来回答特定的细节问题，这种能力是十分重要的。你，可能还有团队，付出了不少努力让具体事项获得了展示自己的机会。所以，用专业精神与职业热情带来一场演讲是必不可少的，我们要让台下的人产生了解更多的渴望，而不是对你所演讲的内容感到无聊或者疑惑。

给自己的提问

◆ 在董事会中，我已经获得了哪些支持？

◆ 可以依靠哪些同盟？

◆ 他们如何看待我及我的公信力？我的想法拥有足够的支持吗？

◆ 他们会对我和内容/议题有何感想？

◆ 我的期望结果是什么？现实吗？

◆ 他们有何疑虑，会问什么问题？

◆ 怎样才能使语言简洁且引人入胜？

◆ 谁是关键决策人？决策将如何做出？

◆ 在演讲前，他们需要阅读或了解些什么？

优先事项与实用贴士

关于如何在董事会会议室里进行成功的演讲，有哪些值得参考的关键因素呢？以下是一些小贴士，不仅能让演讲在会议室里成功，更能让其成为办公室里的议论热点。记住时刻将3P原则放在脑中，即准备（preparation）、练习（practice）和热情（passion）。

提前游说

在演讲之前，是否可以提早播下种子或者开始游说工作？董事会偏好的演讲有没有既定的模式？过去有什么演讲是效果特别好的？你是否认识因完成了有效的董事会演讲而知名的团队成员？如果认识，不妨向他们了解一下演讲过程。面向能够给予建设性反馈的人，进行演讲彩排。询问部分关键的董事会成员，看看他们对于主题需要了解些什么。测试一下自己的部分想法，并获取反馈。谁的支持是可以指望的？尽可能提前游说，要么让演讲得到所需的支持，要么让自己得到所需的良好印象。

了解主题

这是成功的关键所在，如果没有完全掌握演讲内容，或者对于主题还存有相当大的知识漏洞，这会直接影响你传达想法的能力，削弱严谨度以及在领导面前的立场。对于自己要传达的内容，务必彻底了解清楚。确保向团队提出了关键问题，反复检查资料来核对自己是否具备了必需的背景知识，不管用不用得上，都要准备一些支撑性数据在手上。找到把演讲内容与核心商业挑战或战略关联起来的方式，这样才会被认为是心怀大局的人。

内容清晰

董事会会要求你开门见山，所以务必对于自己所提议内容的目标、成果和效益都保持清晰明了。对想要交流的内容要知根知底，并且尽量快速地说到重点。准备一张罗列了演讲重点的清单以便参考，确保自己不会有所遗漏——这么做也能防止语无伦次以及偏离主题。

言语生动

不要朗诵演示文稿——它们只是个支持性的存在。将数据用真实场景、故事和案例鲜活化，这才是你的职责。没有什么比傻站在台上念PPT里的数据更无聊了，千万别成为那样的人。如果需要展示一个产品或者设计，请随身携带，并带足可供每个人查看的数量。

积极想法

对于很多人而言，进入董事会会议室，就仿佛被邀请参加一个秘密社团。在他人眼中多少有点神秘色彩。你对自身价值和被接纳程度的判断，多少会影响你的恐惧感或受欢迎感。所以对于演讲，精神层面的准备工作应该从几天前就开始。不妨使用第12节里关于自信心的工具，想象自己的表达充满自信的画面，多做深呼吸以及其他能让你进入最佳状态的事情。

提早到达

可以的话，在开始前就到达会议室，确认设备都调试完毕并可以正常使用。包里要放好必备的资源，要发放的材料也要触手可及。你可不想让众人等着你笨手笨脚地找东西。

适应能力

董事会，可能是最可怕的演讲现场之一。你可能会被围攻，问及一些十分棘手的问题。你应该预料到这些棘手的问题，做好准备工作，守好自己的阵地。我们必须要展现出随机应变的能力。

身体语言

穿上让你自我感觉良好且有力量的衣服。进入会议室时，记得保持呼吸，昂首挺胸，充满自信。坐在位子上，当演讲临近开始时，笔直地站起来，走向演讲台——千万不要轮到你时才起身，跌跌撞撞地走向讲台，笨手笨脚地拿出文件。

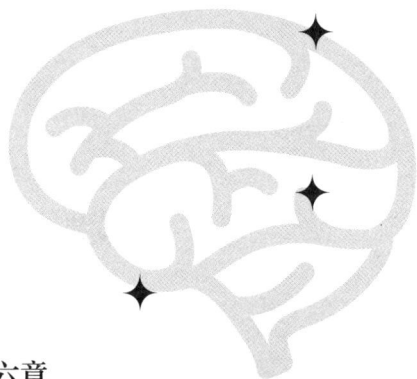

第六章

Chapter Six

通向演讲成功之路

第20节

持续跟进以实现期望成果

我们最近与一位顶尖的商业领袖合作，帮助他在公司年度大会上发表重要演讲。他拥有很多一流演讲者的品质——坚实的知识背景、高度自信、领袖魅力和优质声线。我们同他一起头脑风暴了关键信息，并构建了一个连贯的逻辑框架，他也深知彩排和调整状态的重要性。在演讲开始的一个月前，他就达到了一个比较好的状态。然后，我们问他——如何保证他对于新方向的想法能在工作中持续产生牵引力？如何在这场重要的战略演讲中获得反馈？他的表情说明了一切——我们的提问撞上了迷茫的眼神，他显然还没有思考过这些。

很多管理者都很少或不关注跟进的过程。大部分由他们发表的商业演讲都是聚焦在演讲本身的，在太多案例中，演讲就到此为止了。这一节会重点关注两个因素。第一，具体的想法，它们有助于为重要战略演讲创造足以激励改变、刺激创新并在组织中扩散的环境。第二，如何得到所需的反馈，使管理者改善自己的演讲能力。

跟进的选项

　　作为管理者，演讲几乎不可能孤立地实现你想要的结果。当然，有些演讲可能不需要跟进——例如针对过往业绩的演讲。但是，很多演讲都要求个人、群体和团队去行动。举个例子，如果即将进行一场关于新的优先事项、战略调整、产品或服务发布、品牌重塑或者影响业务的新规定公布的演讲，你会希望核心信息能贯穿于演讲之中。尽管演讲对奠定正确基调是十分关键的，但持续跟进也很重要。这一点经常被人忽略。每个人都很忙，也有其他的优先事项。所以为了我们的想法能被理解，让人们去行动、去改变，怎样才能创造出合适的条件呢？

　　首先要考虑的是成果。这次演讲的目标是什么？理想状态下，作为演讲的结果，你希望受众能有何行动？对于行为上的改变，要有特别明确的需求，包括想在何时看见些什么。有了SMART法则，你会更加舒服：

◆ 具体（specifically）想要些什么？

◆ 如何才能衡量（measure）改变的成效？

◆ 对于期望的结果，要有野心（ambitious）。

◆ 对于第一步，要讲究实际（realistic）。

◆ 最后，要建立时间表（timeframe）——我们希望在什么时候观察到进展、改变和成果？

案　例

想象一下作为企业领袖，你要发表一场关于增进内部沟通的演讲。除了其他战略目标以外，基于SMART的演讲成果应该是：

在演讲结束后，同事们将会认为一套全新的、改进过的内部沟通构架很有必要，对他们在团队传播信息中所扮演的角色有所认知，并且清楚如何在下个月举办一场启动会议来传达关键信息。

　　一旦在目标上达成一致，就可以开始制定一系列有助于信息传播的机制，以促进目标的实现。如果我们无法创造出演讲之后行动、变革或认知改变所需要的条件，那么演讲本身所带来的冲击力、所改变的认知，就会大概率随着时间流逝。每一个商业人士都听说过员工积极性这个概念，大部分组织机构会为了让员工在情感和能力上都全心投入、燃烧热情而进行不少工作。不需要MBA（工商管理硕士）学位也能看出来，积极性高的员工能实现更好的成果、增加的留存率、增长的客户满意度和更高的效率等。

　　今时今日，很多公司认为电子邮件和手机可以解决所有的沟通问题，其实它们不能。我们需要找到让每个人都铭记关键信息的方式，这样组织机构才能收获改进后的工作成果所带来的效益。沟通能帮助个人和群体协调行动，从而实现目标。这在社会化、制定决策、解决问题和管理变革过程中都非常关键。内部沟通是个人与群体对组织认知的基石，决定了他们如何定义、如何看待这个组织。

内部沟通是个人与群体对组织认知的基石，决定了他们如何定义、如何看待这个组织。

针对重要战略演讲的有效跟进沟通方案：

◆ 确保信息传达的一致性。
◆ 创造归属感——知情的员工投入感更强，更有主人翁意识。
◆ 为组织机构更具一贯性的运营赋能。
◆ 有助于减少冲突。
◆ 有助于建立优先项。
◆ 有助于激活变革。
◆ 在组织内强化期望行为。
◆ 消除竖井心态。
◆ 激活更有效的决策力。
◆ 确保有限资源的高效利用。
◆ 有助于在组织内建立跨部门关系。

高效沟通可以通过第三方咨询师实现，也可以通过内部的高管、人力资源或学习发展人员和其他内部渠道实现。

在决定哪种机制最有用之前，不妨参考以下问题清单，可以帮助你寻找最有效的方法：

◆ 你的演讲会以何种方式被受众接受？

◆ 预计将出现多大程度的支持或反对？

◆ 需要传递哪些额外信息？

◆ 哪些人是需要争取的关键影响者？

◆ 他们大概率会被什么影响？

◆ 对于跟进工作，有多少预算？

◆ 哪些人需要你去沟通？

◆ 需要以怎样的频率沟通？

◆ 哪些因素会对成功或失败有所影响（人、文化、相互依存性、时间、预算、工具等）？

◆ 作为演讲的结果，你希望人们去做些什么？

◆ 为了强调信息，还需要哪些支持性的沟通工作？

◆ 你倾向于哪种反馈机制？

◆ 你将如何衡量沟通的有效性？

◆ 你将如何应对反馈？

◆ 有哪些切实存在的干扰项会妨碍你实现期望成果？

以下是我们见过的一些有效机制。

机制	想法	益处
发送演讲视频	可以是完整视频，也可以是剪辑过的精彩部分； 捕捉当天参与者的反馈，加入你的个人介绍或其他商业人士的背书	直接来自你本人的关键信息；制作过程快捷简便

机制	想法	益处
跟进式的网络研讨会或面对面问答	可以当场接受提问； 如果安排了跟进式的问答，不妨在演讲时就开始收集问题； 进行一定数量的面对面或在线问答； 反复进行提醒； 录音并使用合适的渠道发送	人们可以直接从你这儿听取信息； 可以产生并解决真正困扰他们的疑虑或问题； 容易设置和播送
创作一张纸的信息大纲	浓缩关键信息——可以的话，使用三的法则； 可以使用图表； 可以通过多样的渠道——布告牌、内部网、电子邮件或者放在业务通信内	为受众提炼出了有效信息——便于沟通，对胸怀大局的人也很有好处； 可以让你切实思考核心信息； 增加让所有人同心协力的概率
撰写领导思想论文	可以展现更多细节； 考虑与相关人士合作撰写； 可以在外部渠道，例如社交媒体上使用	对于希望了解细节的人而言很有吸引力； 可以列出战略思考的蓝图； 让你切实思考整个议题
团队简报会	在演讲结束后尽快安排简报会； 培训经理或其他演讲者，建立简报模板，保持沟通的一致性； 出席部分简报会并现场答疑	确保各个层级的员工都能接收到与他们相关的信息； 提供一致的、可度量的流程，以便于传达战略上和运营上的信息； 为获取反馈创造一个安心的环境； 在组织上下层均要获取支持； 团队可以决定他们自己的行动方案
研讨会	如果期望行动与变革成为演讲的直接结果，不妨采取研讨会的方式； 创造赋权的条件； 指出具体的成果； 确保研讨会组织者是合格的协调人； 提供事前阅读材料，帮助加快行动进程； 确保行动是可见的且责任到人	如果你寻求的是行动，研讨会比团队简报会更合适； 可以具体针对组织中的一个层级

在这些具体细节之上，还要考虑使用其他被动或交互式的渠道，来调动员工积极性，以及持续地跟进。

被动渠道

为了让信息能广泛扩散，你必须意识到员工可以从很多不同的渠道获取信息：

◆ 内部网。

◆ 维基百科。

◆ 公告栏。

◆ 海报。

◆ 邮件。

◆ 印发资料。

交互渠道

面对面交流是效果最好的，不妨选择一些与演讲相关的形式：

◆ 公司会议。

◆ 部门简报。

◆ 介绍会。

◆ 早会。

◆ 主管返回一线。

◆ 午间学习。

◆ 博客。

◆ 研讨论坛。

◆ 即时通信与社交媒体。

获取准确反馈

演讲后继续跟进的第二要素，是领导作为演讲人改进的能力。高处不胜寒，要在管理风格、方式这种敏感话题上获得反馈是很难的。演讲能力也是如此。想象一下，某位管理者完成演讲，走下讲台，对整个过程感到意气风发。休息的时候，他被即时汇报和其他员工包围着。他问到，你们觉得我刚才讲得怎么样？最典型的回复可能就是"特别好""正中要点""大家都很赞同""效果极佳"。领导很容易被迷惑，相信自己周围的虚假吹捧，而其他人可能只是因为层级、颜面、礼貌或职场政治才避免说出真实观点。

要在管理风格、方式这种敏感话题上获得反馈是很难的。

作为演讲者，最有效的进步方式，就是将自我反省与可信任的反馈结合起来。首先是自省。避免落入相信虚假吹捧的圈套，花点时间回顾自己的演讲。最简单的方式就是录制、回放，保持真正客观的态度——大部分人都对自己十分苛刻，我们做培训时，总是要提出演讲人过度关注缺点的问题。所以，你需要的是平衡。当你花费时间复盘时，不妨使用以下模板：

问题	观察
开场如何？你使用"钉子"来直达主题了吗？	
在身体语言上，你注意到了些什么？ 你看上去自信、面带笑容并和尽可能多的受众保持眼神交流了吗？ 你的手势与话语相辅相成吗？	
你的声音听上去如何？ 你的声音抑扬顿挫，并符合可信度和连接感的声音特征吗？	
你的关键信息表达得如何？	
回看演讲时，你觉得自己的结构合理吗？	
你是如何回答问题的？ 回答得足够简明吗？跟提问者确认过他们是否得到满意的答案了吗？	
从受众对演讲的反应中，能看出什么线索吗？	
有哪些东西效果特别好？	
如果有机会重新演讲，会改变哪些地方？	
下一次演讲中，哪些关键点一定要改进？	

要在日后的演讲中有所改进，最有益的方式就是倚赖可信的反馈源——可以是团队成员，也可以是外部的专业演讲教练。为了起作用，这个可信的对象需要现场观摩或回看录像。不论何种方式，仔细思考你想要的反馈类型，避免在收到不同意见的反馈时表现出防御性。利用上文的模板或者加以改进，并且在演讲完成后尽快获取反馈。

摘　要

◇ 明确跟进的目标。

◇ 头脑风暴后，选择最有效的内部沟通机制。

◇ 找出优势，为日后的演讲做准备。

◇ 不断获取反馈才能成功。

◇ 花点时间自我反省。

◇ 起用可信任的顾问来帮助自己认清做得好的地方，和需要日后改进的地方。

◇ 使用反馈模板来锁定成果。

第21节

提高能力

我们一直强调，练习才能快速塑造技能，所以在此想要鼓励大家，既要复盘自己已有的表现，也要找到确凿的方式来提高和强化作为管理者的演讲能力。

如上所述，我们为以行动为导向的规划创建了三大要素，为你朝出色演讲者继续前进奠定一个坚实的基础：建立储备，开始行动，与时间做朋友。

建立储备与自我反省紧密相关，所以要思考自己目前在演讲的关键部分到底做得如何。开始行动，则是指在日后的演讲中，你能做些什么来提高其影响力和有效性。最后，与时间做朋友，我们提供了一份具体清单，来帮助你在演讲前——核对，确保自己在规划阶段（关键且应投入足够时间的阶段）就考虑到了重要的环节和因素。

建立储备

演讲的基本步骤	我做得正确的地方	我做得不足的地方
1.规划 2.内容构架（包括具有冲击力的开场与结尾） 3.彩排 4.进入状态 5.管理身体语言 6.调动受众 7.积极利用我的声音特质 8.回答问题 9.寻求反馈		

在这些具体演讲步骤上——建立储备后，就可以聚焦于优势板块和需要改进的部分。尽可能具体地完成下列表格，一旦展开细节，就比较容易去权衡优势与劣势。

在演讲的准备和进行阶段，我有哪些突出的优势？	
在演讲的准备和进行阶段，我有哪些亟待改进的地方？	

开始行动

任务	自我承诺	需要的资源
我的演讲目标：运用SMART模型——例如，在未来12个月内面对不同受众发表15场演讲，并从至少3个来源收获正面反馈		

续表

任务	自我承诺	需要的资源
演讲机会：在未来的3—6个月内，我还能基于不同主题创造更多演讲机会吗？		
知识与能力：我要阅读/复习哪些资源来改进我的演讲知识和能力？		
通过演讲风格来改进受众调动能力：方法可能包括获取受众反馈，思考更多的创新方式来构架演讲等		
建立正确习惯：使用下面的清单和演讲智商（查看www.theleadersguidetopresenting.com）结果，找到你的演讲中需要聚焦的关键板块		

与时间做朋友

当你为一场演讲做准备或复盘时，对照清单通常都能有所帮助。飞行员会在各个阶段，包括飞行前、中、后都核对清单，帮助自己注意到每一件重要的事情，避免遗忘关键任务和条目。下面的清单提供了一个简单的自我反省工具，确保在准备高利害性演讲时关注到了正确的地方。

当你为一场演讲做准备或复盘时，对照清单通常都有所帮助。

演讲具体问题	我的注意事项
这场演讲的具体成果是什么？	
根据所剩时间和对受众的理解，我的目标实际吗？	
受众的构成是怎样的？	
我怎么才能提前游说？	
他们对这个主题以及我本人有何感受？	
他们对这个主题了解多少？我需要他们了解多少？	
当我想到这场演讲和受众时，自信程度高吗？我能做些什么来确保自己一开场就进入状态？	
我希望受众们在演讲结束后有何感受？	
作为演讲结果，具体而言，我希望受众们能做出哪些行动？	
我的核心信息是什么？可以用三个关键点来拆解吗？	
为这些核心信息来架构演讲时，符合7±2的原则吗？	
我创作一个引人入胜的开场白（包含了一个"钉子"）和引人入胜的结尾（行动号召）了吗？	
具体而言，在演讲时我要如何调动受众（例如，我利用故事与比喻创造讨论和互动的机会了吗）？	
哪些视觉辅助能抓住受众的眼球，并为演讲增色？	
除了PPT，还有什么创意手段能让我更吸引人地传达信息（例如，故事板、短视频等）？	
我还需要哪些纸质材料或额外资源（如有）来支撑我的演讲？	
我可能会被问到的最糟糕的5个问题是哪些？我准备好充分、相关且有效的回答了吗？	
彩排并趁机获取客观反馈了吗？	
演讲结束后，我要如何跟进才能确保达到期望结果？	

结　语

我们给企业领导做演讲培训时，总是建议他们保持结语简练、生动。所以，我们也希望自己能做到知行合一。

这本书是从设计四层模型开始的，其中包含了高效演讲的所有重要组成部分，我们在这里再浏览一遍。

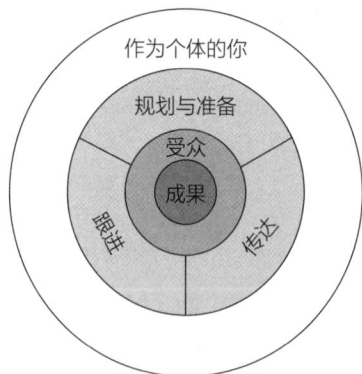

整本书下来，我们为模型中的每个层次都提供了非常实用的指南，相信有了这些信息，你现在已经拥有了作为管理者进行高效演讲的一切工具。

就像领导力的其他方面一样，你"应该做什么"的理论知识只能带你到这里了。通过行动而非简单的认知，才能更好地精进技能。

人们很容易走进相信自己可以"通过想法习得行为"的陷阱，而实际上，你需要"通过行为习得想法"。在这一点上，不妨参照第21节提供的建议。

通过行动而非简单的认知，才能更好地精进技能。

根据我们给管理者培训演讲技能的经验，他们往往可以通过关注正确的板块和寻求更多的演讲机会来实现显著、快速的进步。那么，在读过本书之后，你可以做些什么来保证未来的成功呢？

完成我们的演讲智商评估测试

我们创造了一套便捷的自我评估诊断机制，可以在网站上（www.theleadersguidetopresenting.com）免费使用。这套评估可以让你更加清楚地认识到自己在演讲方面的优势和不足。如果不能建立清醒的自我认知，就无法进行改善，所以这将是非常实用的第一步。通过寻求他人的反馈以及根据目前的演讲表现自我反省，可以更好地完成这套评估。

建立一套与自身语境相符的行动计划

对于自己演讲的"绝佳流程"是什么样的，必须建立认知。明确你的目标可以帮你识别什么时候达到了目标。

在不适的边缘练习

习得和精进一项技能的唯一方式，是勤加练习，此外再无其他捷径。积极主动地寻求不同场合下的演讲机会。演讲次数越多，技艺就会越纯熟。

用持续改善的方式来建立自己的演讲技巧

利用诸如TED和YouTube（优兔）这类丰富的资源，来学习如何思考及实践自己的演讲。对其他人的演讲要保持好奇心和学习的心态。

从可靠的人那里积极寻求高质量的反馈

其他人对我们的客观看法与认知，远比我们自认为给他人留下的印象要重要。

结合自身的知识储备和专业技能，再加上本书中关于演讲的规划、构架和传达的内容，你已经拥有了一名出色演讲人所需的一切资源。现在，到了付诸实践、创造改变的时候了。